いつかは行きたい 一生に一度だけの旅

世界のディズニー パーク&リゾート
Deluxe Edition

マーシー・キャリカー・スマザーズ　序文 ジョー・ロード　上川典子 訳

CONTENTS

まえがき 6
はじめに 8
世界一幸せな冒険家 12

CHAPTER 1 体験
凧をあげよう 18
大人も子どもも楽しめる世界

CHAPTER 2 アドベンチャー
冒険は素晴らしい 106
慎重な人も豪胆な人も楽しめるアクティビティー

CHAPTER 3 旅
ホール・ニュー・ワールド 178
世界のバケーションとエクスカーション

CHAPTER 4 グルメ
ビー・アワ・ゲスト 260
カウンター席から白いクロスのテーブルまで

CHAPTER 5 ラグジュアリー
星に願いを 332
一生に一度のぜいたくな体験

索引 392
謝辞 395
著者について 396
写真クレジット 405

p.2-3：マジックキングダム、エプコット、ウォルト・ディズニー・ワールド内のホテルを結ぶディズニー・モノレール。

左：ディズニーの山を征服しよう（p.166参照）。［ビッグサンダー・マウンテン］は西部で最もワイルドなライドだ。

まえがき

その昔、私は若手として設計に加わり、ウォルト・ディズニーの初代イマジニア*たちと仕事をする機会に恵まれた。ディズニーのテーマパークで体験できるあの素晴らしい世界は、イマジニアの旅と探検への愛から生まれたものだ。ディズニーランドの初期設計を手がけたディズニー・レジェンド**、ハーブ・ライマンからは、アンコールワット遺跡に立った若かりし頃の話を聞いた。同じくディズニー・レジェンドであり、映画『白雪姫』（1937年）からアトラクション［カリブの海賊］まで数多の代表作を持つマーク・デイビスの自宅は、パプアニューギニアとアフリカの工芸品だらけで、部族の文化芸術に関するフィールドスケッチの紙ばさみも、横歩きしていかなければ手に取れないほどだった。内にあるものを引き出すだけが想像力ではない。あえて外の世界に足を踏み出し、どれかを選んで、何が起こるか見るという方法もあることを、彼らは教えてくれた。

やがてイマジニアとしてチームを率いるようになった私は、ディズニーのアニマルキングダム建設のためのリサーチという冒険に出た。セレンゲティで野宿し、タイで洞窟に入り、ユカタンでマヤ遺跡を探検し、さらにはヒマラヤでの科学調査にも同行した。そうして吸収した冒険のエッセンスを持ち帰って、蒸留し、設計図に落とし込んで、ほかの人にも楽しんでもらえる形に整える。ディズニーがやっているのは、まさにこういうことだ。大小さまざまな冒険で集めたエッセンスを想像力の大釜で蒸留し、純度を高め、みんなに届けるのだ。

しかも、それで終わりではない。それぞれの冒険に満ちた人生がそこから始まる。子どもの頃アニマルキングダムを訪れた保全生物学者、［スター・ウォーズ：ギャラクシーズ・エッジ］の技術に魅了された革新的エンジニア、アウラニ・ディズニー・リゾート＆スパ訪問を機にハワイにはまった旅人、［ビッグサンダー・マウンテン］に乗れたことが

---

* テーマパークやアトラクションの企画・設計を担い、イマジネーションを形にする人材

** ウォルト・ディズニー・カンパニーに多大な貢献をした人物に与えられる称号

調査遠征でインスピレーションを得て、アニマルキングダムの岩に図形を描くジョー・ロード。

自信につながった子ども……世界はそうした人々でいっぱいだ。冒険は冒険を生む。ほんの小さな一歩が、生涯にわたる果てしない旅へと続いていくのだ。

　一歩踏み出し、選択し、何が起こるか見てみよう。そもそもアドベンチャーの語源であるラテン語のadventurusは、「まさに起ころうとしている」という意味だ。本書はアドベンチャー大全である。異国情緒とスリルに満ちたものから手近で手軽なものまで、どの冒険も何かを起こしてくれる。あなたは選び、出発するだけでいい。

元イマジニア
ジョー・ロード

はじめに

ウォルト・ディズニーはスーツケースと夢を手に1923年7月、カリフォルニアへやって来た。

　21歳にして、ミズーリ州カンザスシティで経営していたラフォグラム・フィルムズ社（現代版にアレンジしたおとぎ話を7本制作）が配給会社の支払い滞納により倒産し、兄ロイから「おまえもそこを離れたほうがいい」と助言されたのだった。

　鉄道を愛してやまないウォルトはロイの言葉に従い、西行きの切符を買った。所持金も荷物もわずかだったが、果てしなく楽観的だった。「あれは素晴らしい日だったね。サンタフェ特急でハリウッドに着いたあの日、私はただただ自由で幸せだった」

　ハリウッドに到着すると、叔父ロバートの家に間借りし、今後の計画を練った。「カートゥーンには嫌気が差していたんだ。その頃の夢は映画監督になることだった」。だが、銀幕の仕事は見つからず、結局なじみの世界に戻ることになる。ロバートのガレージを借り、廃材でアニメ撮影台を手作りして"新しいカートゥーン・スタジオ"を立ち上げた。当初はディズニー・ブラザーズ・カートゥーン・スタジオという名だったが、その後、この共同事業の対等なパートナーだったロイが自らの名を外し、ウォルト・ディズニー・スタジオと改名した。

　1923年10月、ウォルトに『アリス・コメディー』（アニメの世界で実写の少女が活躍するシリーズ）制作の話が入った。これは歴史に残る出来事だった。ウォルト・ディズニー・アーカイブスの創始者でディズニー・レジェンドのデイブ・スミスは当時の文書について「ウォルト・ディズニー・カンパニーの歴史上、最も重要」と評する。なぜか？これが今、私たちの知るディズニーの始まりだからだ！

　ナショナル ジオグラフィックは1888年に名だたる学者、探検家、科学者などにより創設され、2019年にディズニー・ファミリーに加わった。そして今、2023年に迎えるディ

上：ミッキーマウスの劇場デビューは1928年、『蒸気船ウィリー』という短編アニメだった。

p.10-11：ウォルト・ディズニーはインスピレーションを求め、たびたび『ナショナル ジオグラフィック』誌を手にした。写真では時代物の衣装について調べるためにバックナンバーのページを繰っている。

ズニー創業100周年「100イヤーズ・オブ・ワンダー」を、ウォルト・ディズニー・カンパニーとともに祝おうとしている。

　このパートナーシップが実現したのは当然の成り行きだと言えよう。畑違いではあるが、ウォルトも"学者"だった。高校は卒業していないが生涯学び続け、むさぼるように本を読み、その好奇心は飽くことを知らなかった。また、探検家でもあった。ウォルトの素晴らしいアイデアの多くは、世界中を旅する中で生まれたものだ。そして、未来志向で、科学技術に夢中だった。

　ウォルトはリサーチを重んじていた。「新しいプロジェクトを検討するときは、徹底的に調べる。表面にあるアイデアはもちろん、それに関するすべてを調べ尽くす」。そのために欠かせないのが『ナショナル ジオグラフィック』誌だった。1930年代にスタジオ内の広大な図書室が完成すると、アーティストやデザイナーはみな、個人的に所有

していたバックナンバーを寄贈した。90年代にそのすべてがイマジニアリング・リソース・センターに移され、今なおインスピレーションの泉として活用されている。

　旅を愛するウォルトは旅に出るたび、お土産と思い出とアイデアを持ち帰った。かごに入った機械仕掛けの鳥は、ニューオーリンズで見つけたものだ。これがヒントとなって生まれたのが、本物そっくりのオーディオ・アニマトロニクス人形である。妻リリアンとともに車で旅をしたドイツでは、たまたまモノレールを目にし、のちにディズニーランドに導入する。これが北米初のモノレールとなった。

　どんな冒険でもいい。「いつかやること」のリストに書き込むような壮大な冒険でなくていい。危険を伴う必要もない。目の前にありながら気づかなかったものに気づく、新しい味を知る、思いもしなかったことを初体験する──そんなことでかまわない。大切なのは、わくわくする感覚なのだ。

　ナショナル ジオグラフィックは「好奇心は万人のもの」だと信じている。ウォルトもそれと同じ哲学を持ち、「好奇心があれば、やりたいことが山ほど見つかる」という言葉を残した。そこで、好奇心（と冒険心）を胸に、世界中から集めた100のディズニー・アドベンチャーを本書に収めた。散財に値する旅、家族みんなで楽しむ余暇、おいしい食事を分かち合うシンプルな喜びなど、さまざまなカテゴリーの冒険を紹介していく。無料で楽しめる冒険もあれば、ウィッシュリストに入れっぱなしになるものもあるだろう。だが、自分に合う何かが必ず見つかるはずだ。

　『カールじいさんの空飛ぶ家』でエリーが言っているではないか。「冒険はそこにある！」

世界一
幸せな冒険家

　机に向かったところでビッグ・アイデアは生まれない。ウォルトには、それがわかっていた。放浪癖があり、好奇心旺盛だった彼は、世界中を旅して回った。「覚えておくように。旅をするときは、その世界の音や景色を吸収すること」という言葉も残している。そして、言葉どおりウォルトは吸収した。数々の冒険をインスピレーションの源泉として、私たちの大好きなディズニーの世界をつくり上げた。ヨーロッパで収集した本をベースとした名作映画、ディズニーランドの魅力的な建物の数々、旅で出会ったあれこれを散りばめたアトラクション。そのすべてはウォルトが冒険家だったから、それもこの上なくハッピーな冒険家だったからこそ、生まれたものなのだ。

A：[イッツ・ア・スモールワールド]の仕掛け時計のヒントとなったフランスのストラスブール大聖堂の天文時計。B：ワシントン州のレーニア山を訪れたウォルトと妻のリリアン。C：1918年、志願して赤十字救援隊に加わるウォルト。戦後のフランスに派遣され、救急車の運転や物資の輸送、要人の運転手などを務めた。D：ウォルトが何度も訪れたカナダ、ブリティッシュコロンビア州バンクーバー。1966年の家族旅行が最後となった。

A

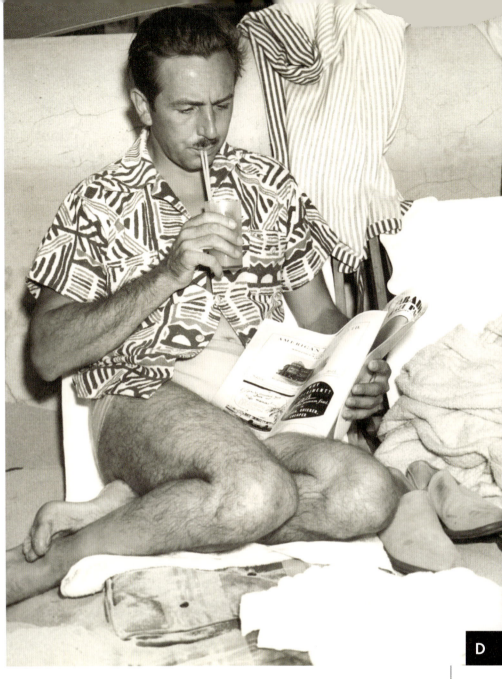

A：1947年、娘シャロンとアラスカを旅するウォルト。のちにアラスカは、アカデミー賞に輝いたドキュメンタリー映画『あざらしの島』（1948年）のロケ地となる。B：旅先のドイツでアルベーグ式モノレール（コンクリートの桁上をゴムタイヤで走行する方式）を目にし、ディズニーランドに導入しようと思い立つ。C：1921年、映画制作会社ラフォグラム・フィルムズを創設。1923年に廃業するが、アニメーションにおけるウォルトの先駆的な取り組みの多くがここから始まった。D：ウォルトは幾度となくハワイで休暇を過ごした。彼のハワイ愛から生まれたのが、1937年公開の短編映画『ミッキーのハワイ旅行』だ。

A：ドイツのノイシュバンシュタイン城。ディズニーランドの「眠れる森の美女の城」のモデルとして知られる。B：ウォルトは何度もハワイを訪れている。ホノルル島とカウアイ島（写真）では『南海征服』（1966年）を撮影した。C：カリフォルニア州の砂漠パームスプリングスにひっそりたたずむスモークツリーランチの別荘。ウォルトの隠れ家だ。D：デンマークのチボリ・ガーデンもお気に入りだった。ディズニーランドのヒントがここにある。E：パリのエッフェル塔やノートルダム大聖堂、コート・ダジュールなど、1935年のヨーロッパ旅行で見たものが、大いなるインスピレーションを彼に与えた。

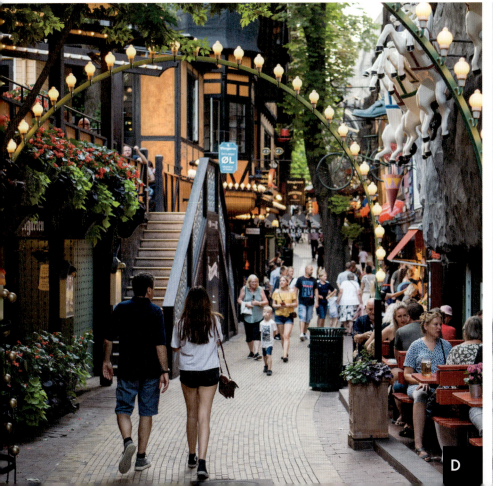

CHAPTER 1 体験

LET'S GO FLY A KITE
凧をあげよう

大人も子どもも楽しめる世界

ディズニーといえばパレード。ウォルト・ディズニー・ワールド・リゾートでは、マジックキングダムのメインストリートUSAで圧巻のパレードが見られる。

さまざまなパークで

メインストリートUSAを歩こう

ここはあなたの王国

ウォルトはメインストリートUSAをとても大切にしていた。幼少期を過ごしたミズーリ州マーセリーンを部分的に投影していたからだ。「多くの人が"故郷の田舎町"を思い出し、新世紀を迎えた頃の飾らない暮らしを懐かしんでいる」とウォルトは言った。「私にとっては、その時代こそが我々の受け継いだ大切な遺産の象徴なんだ。だから、なんとしてもその数年間をディズニーランドのメインストリートUSAに閉じ込めたかった」

ディズニーランドのメインストリートUSAはモノレールの駅から始まり、タウンスクエア（消防署の上にウォルトのアパートがあった場所）を通って、ウォルトが「ハブ」と呼んだ地点へと続く。ヨーロッパのアミューズメント・パークを研究したウォルトは、人は歩き疲れるものだと知り、どのランドへ行くにも便利な中心エリアが必要だと考えていた。「どの場所へもハブから真っすぐ向かえるように計画した。（中略）ここでは足を棒にしてほしくないからね。疲れると、人はイライラしやすくなる。みんなに幸せな気持ちで帰ってほしいんだ。これなら全部を回っても歩く距離は3キロほどですむ」

ウォルトは、すべてを忠実に再現することにこだわった。アイスクリームパーラーも、街の人々が噂話に興じる市場も、軽食堂もパン屋も、映画館もペニーアーケード（1ペニーで遊べる設備を並べた娯楽場）も乗合馬車も、すべて当時と同じでなくてはならない。ストリートに面して並ぶ窓は、ディズニーランド建設に助力した人物を称えるトリビュート・ウィンドウとなっている。例えばエンポーリアム（ギフトショップ）の上の窓には、ウォルトの父、イライアスの名前が見える。

メインストリートを組み立てよう

ディズニーのテーマパークを自宅で再現しよう。Disney Parks Blogとウォルト・ディズニー・イマジニアリングが提携し、プリントアウトして組み立てられるディズニー・ペーパーパーク・キットを開発した。クレヨン、はさみ、のりだけで大好きなディズニーの世界が完成する。

右：ウォルト・ディズニー・ワールド・リゾートのパートナーズ像は1995年に登場した。

p.22-23：ディズニーランドのメインストリートUSAにあるガラス製品の店〈クリスタルアーツ〉では、きらきら輝くガラス工芸に記念の文字を彫ってくれる。

　イマジニアで、ディズニー・レジェンドのマーティ・スクラーは、1890年代にフォーカスしたディズニーランド新聞の記者として雇われた。ウォルトがなぜ「メインストリートで売る10セントの新聞に（中略）かかずらっている」のか、マーティは理解に苦しんだ。しかし、やがてその理由を知る。「新聞とはストーリーとディテール。ディズニーランドが大切にしているのもまさにそれ、ストーリーとディテールだ」。ウォルトにとってメインストリートUSAは実在する場所である。米国の町には必ず地元の新聞がある。だからウォルトの町にもなくてはならないのだ。

　ディズニーランドで誕生したメインストリートUSAは、ウォルトが実際に歩いた唯一のメインストリートだ。以後、すべてのパークにメインストリートがつくられ、ゲストを陽気に歓迎するというウォルトの願いを受け継いでいる。

　パンフレットにもあるとおり、ウォルト・ディズニー・ワールドのマジックキングダムにあるメインストリートUSAは、ノーマン・ロックウェルの絵のような雰囲気を持つサラトガ（ニューヨーク州）など、いくつかの都市を融合させたものだ。タウンスクエア、シティーホール、エンポーリアムなどディズニーランドと共通する施設もあるが、規模ははるかに大きく、ほかにはないサービスや食事を提供している。

この道を行こう

ウォルトはディズニーランドの縁石について何週間も検討を続けた。「メインストリートは大きすぎず、小さすぎもしないことがとても重要なんだ」と語っている。「だだっ広くて人の姿がなければ、やって来た人は、誰もいないと思ってしまう。逆に、十分な広さがなければ、人が集まったとき混雑してしまう」。完成したメインストリートUSAが"横切れる"道であったことを、ウォルトは喜ばしく思っていた。

左：香港ディズニーランドのメインストリートUSAにあるエンポーリアム。日が暮れるとライトアップされる。

上：ディズニーのメインストリートUSAはすべて、20世紀初頭の米国の小さな町を模したものだ。

　東京ディズニーランドでは、王国の中央を走るワールドバザールがメインストリートとなっている。天候が悪い日もあるため、ストリート全体に屋根をつけたのだ。

　ディズニーランド・パリのメインストリートUSAは、フランス人のゲストが古き良き米国を体験できる工夫がなされている。リバティー・アーケードは自由の女神の物語を伝え、ディスカバリー・アーケードは19世紀の発明を紹介している。

　上海ディズニーランドは、この大通りを「メインストリート」と呼ばない唯一のパークだ。ゲストを迎えるのは「ミッキーアベニュー」。すべての始まりとなったネズミであり、ウォルトから全幅の信頼を寄せられていたキャラクターへの最高のオマージュだ。国際性を大切にしつつ、中国という土地柄も反映したエリアとなっている。

　世界のどこであれ、メインストリートを歩くあなたはウォルトの歓迎を受けている。

ウォルト・ディズニー・ワールド・リゾートで

西部開拓時代の生活を体験しよう

フォート・ウィルダネス・リゾート＆キャンプグラウンドの
［フープ・ディー・ドゥー・ミュージカル・レビュー］

［フ ープ・ディー・ドゥー・ミュージカル・レビュー］が初めて上演されたのは 1974 年 9 月 5 日、ウォルトの死から 8 年後のことだ。ディズニー・フォート・ウィルダネス・リゾート＆キャンプグラウンドで人気のこのショーは、マジックキングダム・パークの ［ダイヤモンドホースシュー・レビュー］ と、その前身であるディズニーランドの ［ゴールデンホースシュー・レビュー］（元祖マジックキングダムでウォルトのお気に入りだったアトラクション）の流れをくむ。クレール・ド・リュヌ、ジョニー・リンゴ、ドリー・ドリュー、シックス・ビッツ・スローカム、フローラ・ロング、ジム・ハンディが、パイオニア・ホールの観客を巻き込みながらショーを盛り上げる。足を踏み鳴らして手をたたき、一緒に歌おう。数人の観客を舞台に招き（あるいは説き伏せて）、開拓物語の登場人物を演じさせることもある。恥ずかしがり屋の人は、楽しくもじもじする準備をしておこう。ショーにはファミリー向けの食事（食べ放題）が含まれ、ウォルトのお気に入りだった看板メニュー、フライドチキンも食べられる。

　フォート・ウィルダネス・リゾート＆キャンプグラウンドには毎年訪れるという家族が多い。マジックキングダムに近く、それでいて遠く離れた感覚も味わえるユニークなキャンプ場だ。RV パークや家具付きキャビンでの宿泊は、いつだってルーティントゥーティン（にぎやかで楽しい）。アーチェリー教室やガイド付き魚釣りなど、レクリエーションも豊富に用意されている。ベイ・レイクではモーターボート、カヌー、カヤックが借りられる。ウォーター・スライダー付きのプール、バスケットボール・コート、プレイグラウンド、ビーチバレーの設備もある。

馬鹿騒ぎしよう

ディズニーのウエスタン・ショーには歴史がある。1955 年、ウォルトが個人的にギャグ作家を雇い、ディズニー・レジェンドのウォリー・ボーグに［ゴールデンホースシュー・レビュー］を演じさせた。ウォリーの出演回数はギネス世界記録に認定された。1971 年には［ダイヤモンドホースシュー・レビュー］と改名した同じショーがマジックキングダムで始まった。

右：パイオニア・ホールの［フープ・ディー・ドゥー・ミュージカル・レビュー］。歌って踊って騒いで、楽しい時間を過ごそう。

p.28-29：ディズニー・フォート・ウィルダネス・リゾート＆キャンプグラウンドにはおよそ 800 の区画があり、テントから RV 車まで、あらゆるキャンプスタイルに対応している。

　300ヘクタールに及ぶマツとヌマスギの森林を探検したいなら、「ウィルダネス・バックトレイル・アドベンチャー」がおすすめだ。フロリダの美しい自然の中を散策していると、あちこちに撮影スポットが見つかる。なかでもベイ・レイクは外せない。

　昔懐かしい野外活動に興味があるなら、家族で「チップとデールのキャンプファイヤー・シングアロング」に参加するといい。ホストと一緒にマシュマロを焼こう。ホストはもちろん、あの大きなシマリスたちだ。チップとデールの見分けがつかない人は、「チップの鼻はチョコレートチップみたいに黒い」と覚えるといい。メドウ・レクリエーションエリアの無料映画も必見だ。ウォルト・ディズニー・ワールドにはいくつも劇場があるが、ここは「ディズニー・ムービー・アンダー・ザ・スターズ」プログラムを堪能するのに最高の野外劇場だ。

　西部開拓時代をテーマにしたリゾートは、馬なしには成立しない。トレイル乗馬、ポニー乗馬、馬車のほか、12月のホリデーシーズンにはそりも体験できる。また、トライサークルDランチという牧場まで足を延ばせば、シンデレラの馬車を引くポニーやメインストリートUSAのキャストを務める馬たちに会える。仕事に励む鍛冶屋もお見逃しなく。

ディズニー豆知識

ウォルト・ディズニー・ワールドの中で、フォート・ウィルダネス・リゾート＆キャンプグラウンドは少々異質なエリアだ。フォート・ウィルダネスとして開発された広大な土地は、もともとウォルトとロイが休暇用として購入し、散策していた場所だった。

左：［フープ・ディー・ドゥー・ミュージカル・レビュー］を見ながら食べられるフライドチキン。
上：カヌーやカヤックから、乗馬、フットゴルフ（サッカーボールを足で蹴って行うゴルフ）まで、フォート・ウィルダネス・リゾートではいろいろなアウトドアの遊びが楽しめる。

　日が沈んだらフォート・ウィルダネスのビーチやマリーナに出て、［エレクトリカル・ウォーター・ページェント］を見物しよう。光に彩られた海の生物たちによる幻想的なショーが繰り広げられる。
　フォート・ウィルダネスならではの文化といえば、何はさておきゴルフカートだろう。持ち込んでもいいし、借りることもできる。想像の翼を羽ばたかせてカスタマイズしたゴルフカートに乗り込み、パレードに参加しよう。パーク内のパレードと違い、ここではゲストが主役だ。毎年7月4日の米国独立記念日とハロウィーンとクリスマスに、ゴルフカートのパレードがリゾートを練り歩く。参加しない場合は、ルートの脇に陣取り、観客としてエンジョイしよう。
　それでもまだ遊び足りない家族のためには、ボートですぐのところにマジックキングダムがある。

上海ディズニーリゾート、東京ディズニーリゾートで

無限の彼方へ、さあ行くぞ！

トイ・ストーリーホテルでウッディとバズに会おう

「棚に飾られて待ってるだけじゃ、変わらないだろ、何も」
ほかならぬウッディがそう言うのだから、上海ディズニーランドへ冒険に行こう。ディズニー／ピクサーの映画、『トイ・ストーリー』シリーズの仲間たちと一緒に遊びたいと思っていた人にとっては、最高のパークだ。ホテルのエントランスは巨大な箱のような形をしている（大事なおもちゃはしまっておく派か、どんどん遊ぶ派か、議論が始まりそうだ）。ロビーに足を踏み入れるや、あの騒々しくも楽しい世界観に包まれる。案内サインは印刷ではなく、エッチ・ア・スケッチ（お絵かきボード）に描かれている。柱はもちろん積み木だ。そして、ここでは近くに大人がいるときでも、おもちゃたちは"生きて"いる。

客室も、トイ・ストーリー尽くしだ。ウッディ保安官のマークが入ったカーペットに、ルービックキューブのナイトスタンド。壁紙は当然、アンディの部屋と同じ雲の模様である。

エイリアンたちをテーマにしたインタラクティブな水遊びエリア、ローンチパッドもある。ロケットの中にクレーンアーム、すなわち"神様"の姿は見えず、エイリアンたちだけで打ち上げの瞬間を待っている。四方八方へと噴出されるミスト。宿泊客だけに許されるこの体験も、上海を目指す理由の1つになるだろう。

一方、東京ディズニーリゾートのトイ・ストーリーホテルでは、自分がおもちゃサイズに縮んだような気分を味わえる。ロビーの床はジグソーパズル風、天井は大きなボードゲームのようだ。

あなたはカウボーイ？ スペースレンジャー？ それともポテトヘッド？ なんならただの人間でもかまわない。トイ・ストーリーホテルには、あなたを待つ友達がいる。

トイ・ストーリーホテルに行けばウッディやジェシーに会えるかもしれない。

さまざまなパークで

ホラーなホリデーを満喫しよう

ディズニー流ハロウィーンの楽しみ方

震え上がるほどの恐怖を味わいたいか、ほかの人がイタズラされるのを見たいか。どちらにしても、ディズニーのハロウィーンは期待を裏切らない。

ディズニーとハロウィーンには長い歴史がある。へんてこな怖さのアニメーション『骸骨の踊り』が公開されたのは1929年。それから数十年の時を経て、ディズニーランドとマジックキングダムで家族みんなが楽しめるハロウィーン・パーティーが始まった。今では特別チケットが必要な閉園後のイベントとして、ディズニー・カリフォルニア・アドベンチャー・パークは「ウギー・ブギー・バッシュ：ア・ディズニー・ハロウィーン・パーティー」、ウォルト・ディズニー・ワールドのマジックキングダムは「ミッキーのノット・ソー・スケアリー・ハロウィーン・パーティー」を開催している。この日ばかりはコスチュームに身を包み（通常の営業時間内、14歳以上の仮装は許可されていない）、それほど怖くない面々の呪文にかかろう。もちろん、定番のトリック・オア・トリートも楽しめる。

メジャーなアトラクションのなかで最初にハロウィーンのオーバーレイ（期間限定でテーマを変えること）を採用したのは、ディズニーランドの［ホーンテッドマンション］だった。1993年の映画、ティム・バートンの『ナイトメアー・ビフォア・クリスマス』の主人公ジャック・スケリントンがマスター・オブ・スケアレモニー（怖ろしいセレモニーの進行役）を務め、ハロウィーンとクリスマスをごちゃまぜにした仕様に変身させたのだ。この「ホーンテッドマンション "ホリデーナイトメアー"」は毎年恒例となり、東京ディズニーランドでも実施されている。東京のパレードの目玉は、スケルトンが運行するウエスタンリバー鉄道のフロート（動くステージ）だ。ミッキーが機関士として乗っている。

怖くて楽しい！

ヴィランズ（悪役）のいないハロウィーンなんてあり得ない。香港ディズニーランドの「ウィキッド・ファン・パーティー・ゾーン」は、悪役たちを間近で見るチャンスだ。しかし、そこはディズニー・パーク。陽気なイベントも用意されている。「ミッキーのハロウィーン・ストリート・パーティー」では、巨大なジャック・オー・ランタンに乗ったミッキーがパレードを先導する。

右：冥界を支配する神ハデスを映し出すウォルト・ディズニー・ワールドのシンデレラ城。
p.36-37：ディズニーランドの「ウギー・ブギー・バッシュ：ア・ディズニー・ハロウィーン・パーティー」で、マッドハッターと一緒に鏡の国を旅しよう。

　ディズニーランドとウォルト・ディズニー・ワールドにあるトレーダー・サムのバーでは、"マハロウィーン"を祝う。トロピカルドリンクがハロウィーン限定のチキマグで提供されるなど、特別な演出が盛りだくさんだ。最初のハロウィーン版マグのモチーフは、ディズニー・レジェンドのブレイン・ギブソンが彫刻した［ホーンテッドマンション］のハットボックス・ゴーストだった。幽霊の頭が消え、手に持つ箱から出てくるイリュージョンは、ディズニー・レジェンドのイエール・グレイシーの作だ。

　世界中のディズニー・パークが不気味なお祭りを用意している。ディズニーランド・パリの「ディズニーのハロウィーン・フェスティバル」はフック船長、クルエラ、マレフィセントといったヴィランズ（悪役）が主役の、怖くて楽しいイベントだ。香港ディズニーランドは、「ミッキーのハロウィーン・ストリート・パーティー」とミュージカル「レッツ・ゲット・ウィキッド」で盛り上げる。コスプレが盛んな日本では、ここぞとばかりに仮装したゲストたちが東京ディズニーランドと東京ディズニーシーのハロウィーンに集まる。手の込んだコスチュームも少なくない。

　ハロウィーン当日、自宅にいる人は、お菓子をねだる小さなゴーストやゴブリンの来襲を待ちながら、1952年の短編映画『ドナルドの魔法使い』をDisney＋（ディズニープラス）で鑑賞してはどうだろう。

クルーズもハロウィーン仕様

ディズニー・クルーズラインでは9月下旬～11月に「ハロウィーン・オン・ザ・ハイ・シーズ」を開催。乗船する際は、仮装パーティー「ミッキーの"マウス"カレード」用のコスチュームを忘れずに。インタラクティブに映画を楽しむ「ティム・バートンのナイトメアー・ビフォア・クリスマス（1993）シング・アンド・スクリーム」にも参加したい。さらに、カリブ海のコスメル島を散策し、「死者の日」について学べば、祖先との絆を描いた2017年の映画『リメンバー・ミー』の理解も深まる。

魔法がいっぱい

ハッピー・ハロウィーン

世界中のディズニー・パークが魔法のようなイタズラを仕掛けていたとしても、誰もが現地へ足を運べるとは限らない。そんなときは映画を見て、ハロウィーン気分に浸ろう。『イカボードとトード氏』（1949年）、『星の国から来た仲間』（1975年）、『コルドロン』（1985年）、『ナイトメアー・ビフォア・クリスマス』（1993年）、『ホーカスポーカス』（1993年）、『モンスターズ・インク』（2001年）、『マレフィセント』（2014年）、『マペットのホーンテッドマンション』（2021年）などがおすすめだ。https://disneyparks.disney.go.com から型紙をダウンロードして、カボチャのランタンをつくってもいい。すぐに完成する骸骨ミッキーのランタン、そこそこ難しいアナ、複雑なドクター・ファシリエなど、難易度に応じた型紙が手に入る。愚かなる死すべき紳士ならびに淑女の諸君は、パークの公式YouTubeチャンネル「Disney Parks」で［ホーンテッドマンション］の執事コスチュームのつくり方動画を参照されたい。

A：「ミッキーのブー・トゥー・ユー・ハロウィーン・パレード」では、［ホーンテッドマンション］の墓掘りたちも一緒にハロウィーンを祝ってくれる。B：マジックキングダム「ミッキーのノット・ソー・スケアリー・ハロウィーン・パーティー」では、ミッキーとミニーもハロウィーンの装いに。C：マジックキングダム「ミッキーのブー・トゥー・ユー・ハロウィーン・パレード」を先導する首なし騎士。D：パーク全体がハロウィーン仕様になり、ディズニーランドでは行く先々でカボチャのミッキーに迎えられる。E：マジックキングダムで必ず食べたいハロウィーン版ミッキーワッフルサンデー。F：ディズニーランド［プラザ・デ・ラ・ファミリア］では、「死者の日」にちなんで『リメンバー・ミー』（2017年）の世界が再現される。G：「ミッキーのノット・ソー・スケアリー・ハロウィーン・パーティー」にはチップとデールも仮装して参加する。H：お菓子もイタズラも両方お望み？それならマジックキングダムの不気味でおいしいワーム・アンド・ダートをどうぞ。

A

D

B

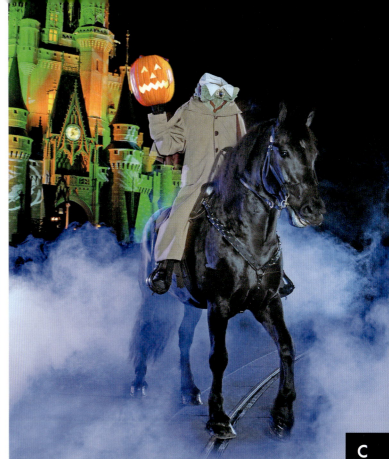

C

E

F

G

H

ディズニーランド・パリで
もう1つの野獣に会いに行こう

　ディズニーのお城に地下牢はない——ディズニーランド・パリを除いては。

　ル・シャトー・ドゥ・ラ・ベル・オ・ボア・ドルマン（フランス語で「眠れる森の美女の城」）のふもとに、La Tanière du Dragon（「ドラゴンの巣穴」の意）と書かれた標識がある。暗闇へ足を踏み入れ、鍾乳石が連なる洞窟を歩いていくと、ドラゴンのいる池に行きつく。夢を見ているのだろうか。鎖につながれたドラゴンのかぎ爪と尾が、わずかに動いている。ドラゴンが目を覚ます。少し驚いた様子だ。どうやらご機嫌斜めらしい。頭をもたげ、火を吹く。ただし、小さい子どもにもちょうどいい加減で。

　場所からして、この野獣はマレフィセントドラゴンだと思われるかもしれない。しかし、このドラゴンは魔術師マーリンのもので、マーリンもこの城で暮らしている。これは、1981年の映画『きつねと猟犬』を下敷きとするアトラクションで、マーリンとドラゴンは幼なじみという設定だ。ドラゴンは捕らわれたり、罰せられたりしているわけではない。鎖はペット用のリードみたいなものだ。

　ウォルト・ディズニー・イマジニアリングが制作したこのドラゴンは1992年のデビュー当時、世界屈指の大きさを誇るオーディオ・アニマトロニクス人形だった。今でもその迫力は群を抜いている。

　アトラクションを堪能したら、近くにある魔法使いの洞窟にも立ち寄ろう。〈マーラン・ランシャントゥール〉というこの店では、怪しく幻想的な中世の土産物が手に入る。

香港ディズニーランドで

アイアンマンと一緒に戦おう

スタークのバーチャル・リアリティーへようこそ

マーベルがディズニー・ファミリーに加わったことで、ディズニーのテーマパークにもスーパーヒーローのアトラクションが誕生した。第1号が［アイアンマン・エクスペリエンス］だ。未来といえばトゥモローランド。香港ディズニーランドのトゥモローランドでは、その世界観にぴったりのスリリングな3Dアトラクションが体験できる。

アクション満載のこのアトラクションでは、アイアンマンの別人格であるトニー・スタークが世界のテクノロジーの中心地、香港で「スターク・エキスポ」を開催している。トニーの会社はより良い世界に向けた取り組みで知られており、ここでも最新のハイテク製品や革新的技術を展示している。このエキスポ会場が、実はライドまでのQライン（待機の列）なのだ。重力に逆らうアイアン・ウィングはモビリティー館に展示されている。プロテクション館ではアイアンマン・マークⅢのスーツを間近で見られ、1都市分のエネルギーをまかなうアーク・リアクターはエネルギー館にある。

すべての会場を抜けたら、3Dメガネ「スターク・ビジョン・グラス」を受け取り、いよいよエキスポ仕様でAI完備のアイアン・ウィングに搭乗だ。装甲に覆われ、自己修復ガラスを使用している。隣に乗り込んだアイアンマンとともに香港の山を越え、ビクトリア・ハーバーを見下ろし、橋の下をくぐり、通りに沿って滑空しながら、悪の組織ヒドラと戦おう。

［アイアンマン・テック・ショーケース］には「ビカム・アイアンマン」というゲームがある。天才発明家でもあるアベンジャー、アイアンマンになりきるチャンスだ。

スターク・インダストリーズの世界に飛び込み、3Dでヒーローを体験しよう。

ディズニーランド・リゾートで

ミッキーへの愛を縫いつけよう

イヤーハットを刺繍でカスタマイズ

「Eighty-five years and still wearing Ears.（85歳。今も耳をつけている）」。マジックキングダムのゲストのTシャツに書かれていた言葉だ。

ディズニーは誕生日や結婚式、記念日のために、多種多様な"耳"（ハットやヘアバンドやカチューシャ）を用意している。スペシャルイベント、アトラクション、ディズニー映画やキャラクターにちなんだ耳もある。車掌の帽子、［トワイライトゾーン・タワー・オブ・テラー］のベルボーイの帽子など、キャストの衣装を模したものもあれば、パレードやショーとシンクロするものもある。ヴェラ・ウォン、ラウンジフライ、コーチといった一流ブランドが手がけたものまである。パーク内の随所で売られ、その店限定の耳もある。さらにピクサー、マーベル、スター・ウォーズ関連のデザインがあり、『私ときどきレッサーパンダ』（2022年）のレッサーパンダ、R2-D2、キャプテン・アメリカまで、ありとあらゆる耳が手に入る。

スナック系では、みんな大好きなポップコーンやプレッツェルの耳が人気だ。耳にしておくにはもったいないタイプもある。例えば、ベニエ（フランスの揚げ菓子）型ヘアバンドは、粉砂糖をまとったドーナッツの匂いがする。

オリジナルの刺繍を入れるサービスは、ディズニーランドが開業した1955年から続く伝統だ。当時はキャストが特別なミシンで文字を縫っていたが、今ではコンピューター制御のミシンが縫ってくれる。パーク、ホテル、オンラインショップのshopDisney がさまざまな耳を販売している。何百種類のなかから選び放題だ。

なお、高速系ライドでは飛ばされる恐れがあるので、耳はバッグに入れておこう。ディズニーモチーフの耳ほどディズニー愛を表現できるものはない。

パークで刺繍を入れてもらい、自分だけのイヤーハットをかぶろう。

魔法がいっぱい

イヤーハットの歴史

3つの丸で構成された帽子は今やディズニーファンの定番アイテムだが、その起源は、1929年の短編アニメ『カーニバル・キッド』まで遡る。この白黒アニメの中に、ミッキーマウスがミニーに向かって"耳"を持ち上げてみせるシーンがあるのだ。その後1955年にテレビ番組『ミッキーマウス・クラブ』が始まったとき、アーティストとして参加していたディズニー・レジェンドのロイ・ウィリアムズがそのシーンを思い出し、出演する子どもたちの帽子をつくった。それからディズニーの"耳"は大きな進化を遂げたが、すべての原点であるベーシックな"ミッキーの耳"は、今も絶大な人気を誇っている。

A

D

A：ディズニー・ドリーム号のミッキーは船長の帽子をかぶっている。お気に入りのピカピカ耳をつけて乗り込もう。**B**：特別な耳でアトラクションや映画への敬意を表することもできる。バンドリーダー版のミッキー耳（左）と、特別なリボンのついたミニー耳（右）。**C**：野球帽もミッキー風、ミニー風に変身。**D**：ミッキーのお尻イヤーハットは、赤いズボンに大きなボタン、尻尾がポイント。**E**：1977年、カラー版『ミッキーマウス・クラブ』の放送が始まり、新しい出演者12人のため新しいイヤーハットがつくられた。**F**：自分ではなく、あの大きなネズミの名前を入れた刺繍。2018年のコミコン（コミック・ブック・コンベンション）では、ミッキーの90周年を祝う耳が見られた。**G**：元祖イヤーハットは、1950年代のテレビ番組『ミッキーマウス・クラブ』の出演者のためつくられた。**H**：ミッキーと過ごす魔法の瞬間は、ディズニー・パークを訪れる喜びの1つだ。

ディズニーランド・リゾート、マジックキングダム・パークで

国旗降納に立ち会おう

米国を称える伝統のセレモニー

ウォルトの娘、ダイアン・ディズニー・ミラーによれば、「父は毎晩、ディズニーランドの国旗が降ろされるのを見守り、涙を流していた」そうだ。

国旗降納は、パーク内で最も見過ごされているイベントかもしれない。だが、その場に立ち会えば、ウォルトが大切にした米国の伝統に触れることができる。ウォルトは誇り高きアメリカ人であり、愛国者だった。「私の両の目をのぞき込めば、米国国旗がはためいているのが見えるはずだ。背骨は赤、白、青のストライプだよ」と語っている。ディズニーランドが開業した1955年7月17日、ウォルトが国旗降納（彼にとっての英雄、エイブラハム・リンカーンの大統領時代にまで遡る儀式）を執り行ったことは驚くに値しない。

以後、今日に至るまで、タウンスクエアでは毎日午後、ディズニーランド・セキュリティの儀仗隊員が国旗を降ろし、納めている。通常、ディズニーランド・バンドが演奏し、復員軍人の日（ベテランズ・デー）といった特別な日には、ダッパー・ダン（ストライプの衣装を着た愛すべき理髪店カルテット）も加わる。陸軍、海兵隊、海軍、空軍、沿岸警備隊の曲が演奏されるなか、名前を呼ばれた部隊の者たちが旗竿を囲む。国歌「星条旗」などの愛国唱歌は、その場にいる全員が声を合わせて歌う。

ウォルト・ディズニー・ワールドのマジックキングダムも国旗降納を行うが、ここではまた独特のしきたりがある。退役軍人や現役の従軍者をランダムに選んでセレモニーに招待し、畳まれた星条旗を持ってメインストリートUSAを行進してもらうのだ。

子どもたちと一緒に参加しよう。涙がひと筋頬を伝うのを覚悟して。

主賓の元タスキーギ・エアメン（米軍史上初のアフリカ系米国人空軍パイロット）に感謝を伝えるミッキー。ディズニーランドでは創業以来毎日、国旗降納が執り行われている。

48　CHAPTER 1 凧をあげよう 体験

ディズニー・カリフォルニア・アドベンチャー・パークで

力を合わせて戦おう

アベンジャーズ・キャンパスにヒーローが集結

ス ーパーヒーロー大集合! 2021年、ディズニー・カリフォルニア・アドベンチャー・パークにアベンジャーズ・キャンパスがオープンした。そこには、心躍る楽しみ方がたくさん用意されている。ドクター・ストレンジとともにマルチバースの謎を解き明かす［エンシャント・サンクタム］。ロケットに乗り込み、コレクターの砦から仲間を救い出す［ガーディアンズ・オブ・ギャラクシー：ミッション・ブレイクアウト!］。そして［ウェブ・スリンガーズ：スパイダーマン・アドベンチャー］では、ピーター・パーカーのスパイダーボットが暴走しながら増殖を始めてしまう。スパイダーマンと力を合わせ、1つ残らず回収しよう。

　戦ったら、おなかが空いた? それは敵も同じだ。キャンパス内にはレストランが2つある。〈シャワルマ・パレス〉は、2012年のマーベル映画『アベンジャーズ』の終盤でトニー・スタークが言うせりふにちなんで誕生した。「シャワルマって知ってる? 近くにシャワルマのうまい店があるんだ。一度食べてみたくてね」。その昔ながらの中東料理が、ここで食べられる。もう1つの店、〈ピム・テスト・キッチン〉では、アントマンとワスプのピム粒子（物質の大きさを自在に変えられる技術）を使ってつくったという、小さなお菓子や巨大なメインディッシュを提供している。この店は昔のラボの中にあるので、過去に行われた実験の名残を見ることもできる。パワーアップするのに最適の場所だ。

　スーパーヒーローにはスタントがつきものだ。そして地球最強のヒーローとして多芸多才をアピールするのに、スパイダーマン以上の適任者がいるだろうか。ということで、ここではスパイダーマンが毎日、とんぼ返りをしたり、蜘蛛の糸で移動したり、ビルに登ったり、果敢にも遠くのビルへ飛び移ったりと、見事なアクションを間近で見せてくれる。ほかにもブラックパンサー、キャプテン・マーベル、ブラックウィドウ、アントマン、ワスプ、ソーなどが、アベンジャーズ・ヘッドクォーターを守るために時空を超えてくる。次に仲間入りするのは、あなたかもしれない。

［ガーディアンズ・オブ・ギャラクシー：ミッション・ブレイクアウト!］の舞台となる砦。スター・ロード、ガモーラ、ドラックス、グルートを救出せよ。

50　CHAPTER 1 凧をあげよう　体験

マジックキングダム・パークで

初めての
ヘアカットをしよう

メインストリートUSAで魔法のような散髪体験

　　の日を指折り数えて待っていた人も、ようやく覚悟を決めた人も、我が子の
そ　初めてのヘアカットは、ウォルト・ディズニー・ワールドの〈ハーモニー・バ
ーバー・ショップ〉にお願いしたらどうだろう。

　その理髪店はタウンスクエアの消防署近くにある。あの赤白青のポールが目印だ。
1900年代の米国の田舎町にありそうな床屋が、そっくりそのままメインストリートUSA
に再現されている。見せかけだけかと思いきや、そこは本物の理髪店で、州の認可を
受けた理容師や美容師が働いている。子どもの扱いに慣れたキャストたちは、小さな
お客が不安を感じないよう、次にやることを面白おかしく説明してくれる。仕上げは、
いかにもディズニーらしく、グリッターやラメ、妖精の粉をたっぷりと。理髪店の服を着
た男性4人組のアカペラグループ、ダッパー・ダンがやって来て、パパやママを楽し
ませてくれることもある。

　記念の散髪を終えたゲストには、「ファースト・ヘアカット証明書」、記念の髪の房、
マイ・ファースト・ヘアカット版ミッキー・イヤーハットが贈られる。ピーターパンは「大
人になるな」と言うが、ここでは大人も歓迎してもらえる。

　世界中のディズニー・パークで、理髪店があるのは、ここマジックキングダム・パー
クのメインストリートUSAだけだ。180日前から予約できるが、すぐ埋まってしまうので
お早めに。

1971年にマジックキングダム
がオープンしたときからずっと、
〈ハーモニー・バーバー・ショッ
プ〉でのヘアカットは大人気だ。

52　CHAPTER 1 凧をあげよう **体験**

さまざまなパークで

ダッフィーに会おう

数百万のファンを魅了するぬいぐるみ

ダッフィーと呼ばれるようになる前、彼は「ウォルト・ディズニー・ワールドのディズニー・ベア」と呼ばれていた。その後、イマジニアが考えた新しい物語とともに東京ディズニーシーに登場し、ダッフィーとしての生を得た。その後はご存じのとおり、日本で一番人気のテディベアとなる。熱心なファンはダッフィーに服を着せ、どこへでも連れていき、食事もともにする。なぜこれほどブームとなったのか。1つには「孤独な航海に出るミッキーのために、ミニーがつくったぬいぐるみ」というストーリーが、互いを思いやる日本人の心に響いたのだろう。そしてもちろん、日本の"かわいい文化"にぴたりとはまったからだ。認めようではないか。ダッフィーはキュートでふわふわ、無邪気で思いやりがある。ダッフィーを抱いたら、誰もが笑顔にならずにいられない。

圧倒的な需要に応え、イマジニアたちは12年間でさらに6種、個性あふれる仲間を生み出した。シェリーメイは友達思いで手作りが好きなクマ。ジェラトーニは芸術家肌のネコで、あらゆるものに美を見いだす。ステラ・ルーはブロードウェイのダンサーを夢見る元気なウサギ。クッキー・アンは発想が豊かな料理好きのイヌ。オル・メルというウクレレ弾きのカメは心が優しく、自然を愛している。そして、最後に誕生したのがリーナ・ベル。知的で、好奇心旺盛で、まるで探偵のようなキツネだ。いずれもアジア圏のディズニー・パークと、ハワイのアウラニ・ディズニー・リゾート&スパでしか買えない。ダッフィーとその仲間に命を吹き込むのは、ミッキーや私たちの想像力だ。ぬいぐるみやコスチュームやアクセサリーを手に入れるため、ファンは何時間でも行列する。ダッフィー&フレンズは、今や1つのライフスタイルとすら呼べるだろう。ファンはダッフィーたちと寝起きをともにし、写真を次々SNSにアップする。1日の終わりに必要なのは、笑顔にしてくれる友達なのだ。

ダッフィーのデザインには、愛しのミッキーへの思いが込められている。その顔をよく見ればわかるはずだ。

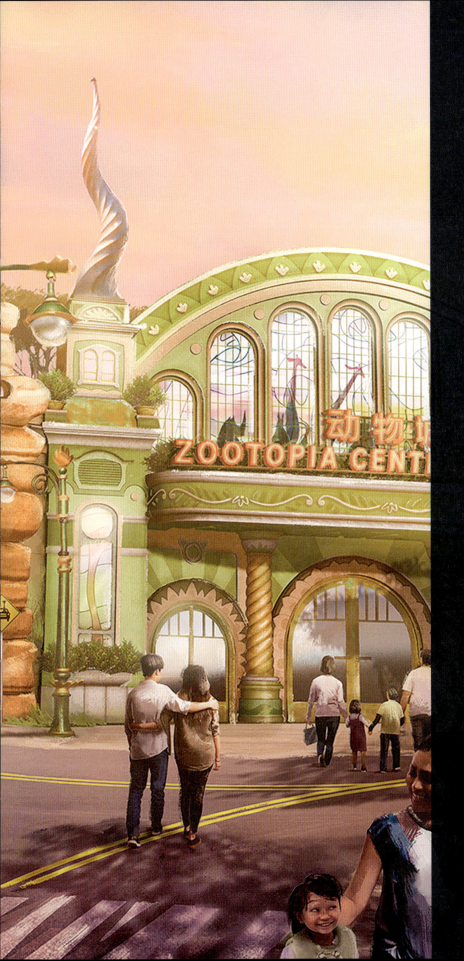

上海ディズニーランドで
ツンドラタウンを旅しよう

　映画『ズートピア』を再現する初のテーマランドが、間もなくオープンする。ジュディ・ホップス、ニック・ワイルド、そしてフラッシュ（とんでもなく動きがスローな免許センター職員）のファンなら、上海を訪れ、あの動物たちの街を体験するべきだ。そこは上海ディズニーランドで8つ目のテーマランド。ディズニーの物語づくりと最先端テクノロジーが見事に融合したアトラクションのほか、充実のフードとエンターテインメントも準備されている。ズートピア市民の1人となって、2017年度アカデミー賞受賞作品を元にした完全没入型ランドを訪ねよう。

ウォルトゆかりの地

ウォルト・ディズニー・ファミリー博物館

「**私**が目指しているのは、来館者に父のことを知ってもらい、父の物語に刺激を受けて帰ってもらうこと、そして、それがとても楽しい体験となるようにすることです」

ウォルトの娘ダイアン・ディズニー・ミラーはこの気持ちを胸に、息子のウォルター・イライアス・ミラーと共同でカリフォルニア州サンフランシスコにウォルト・ディズニー・ファミリー博物館を創設した。博物館の使命は「今の世代および未来の世代にウォルトに関する情報を提供し、ウォルトの物語を通じて、想像力を忘れず粘り強く目標を追うよう鼓舞すること」である。

見るだけではない展示がたくさん用意されており、全体として没入型、対話型の体験ができるようになっている。それぞれのギャラリーに、いかに細心の注意が払われているかは一目瞭然だ。ウォルト本人、あるいはウォルトの知人からじかに話を聞けるのは、まさに魔法のような体験である。

魔法は、館内に足を踏み入れた瞬間から始まる。まず、「賞品ロビー」に集められた品々からして素晴らしい。『白雪姫』（1937年）が獲得した栄えあるオスカー像（普通サイズが1体と小さな像が7体）が飾られ、ディズニーランドにあったウォルトのアパートも再現されている。再現されたウォルトと妻リリアンの部屋には、2人が実際に使っていた家具が置かれている。

第1ギャラリーは、ウォルトの子ども時代と10代の頃にまつわる展示となっている。ミズーリ州マーセリーンでの生活から、第一次世界大戦後のフランスにおける赤十字での活動までを網羅している。未来の輝かしいキャリアのベースとなった時代だ。ウォルト少年は、ディズニー家の農場が栽培したウルフリバーという品種のリンゴを売り、カンザスシティで朝夕新聞を配達し、シカゴでは父親のゼリー工場で流れ作業に従事

右：ウォルトの人生と彼が残したものを称える「ウォルト・ディズニー・ファミリー博物館」は、サンフランシスコのゴールデンゲート国立保養地内にある。

p.60-61：メインホールではウォルトが思い描いていたディズニーランドと、初期のオーディオ・アニマトロニクス人形を見ることができる。

した。ギャラリーを少し先へ進むと、アーティストや映画制作者としての駆け出しの日々が紹介される。

　次に、まるで客車のようなエレベーターに乗ると（カリフォルニアへ向かったウォルトを連想させる）、残りの人生とキャリアに関する展示が広がる。ハリウッドへ移った彼は、ミッキーマウスを生み出し、ウォルト・ディズニー・スタジオに初期の発展をもたらす。そして、短編から長編への移行、初期の制作上の革新、実写映画への進出といった歴史が紹介される。ドキュメンタリーシリーズ『トゥルーライフ・アドベンチャーズ』（1948〜60年）の展示もある。ウォルトの私生活に関しては別の展示室があり、彼の集めたミニチュア、家でくつろぐ写真、家族の思い出の品などが陳列されている。ディズニーランドのファンなら、この博物館のためにつくられた"ウォルトの頭の中にあったディズニーランド"に感動することだろう。そこには、かつて実在したアトラクションも、構想していたが存命中は実現できなかったアトラクションもある。「眠れる森の美女の城」の中をのぞいてみよう。幼いダイアンを連れたウォルトのミニチュアに、きっと胸がいっぱいになることだろう。

　ウォルトは1966年12月15日に世を去った。65歳の誕生日からわずか10日後のことだった。最後の展示室はウォルトをしのぶ場であり、世界中から寄せられたカード、賛辞、追悼文が集められている。

　ディズニーらしく、最後はハッピーに締めくくろう。ギフトショップには宝物から小物まで、唯一無二の土産物がそろっている。

　ウォルト・ディズニー・ファミリー博物館の所在地は、104 Montgomery Street, Presidio of San Francisco, California。

ディズニー・カリフォルニア・アドベンチャー・パークで

夕暮れの カーズランドに ネオンが灯る 瞬間を見よう

特に宣伝されてはいないし、「今日の予定」にも記載はない。しかし見逃すことなかれ。

映画『カーズ』(2006年)で、ピストン・カップに出場するライトニング・マックィーンが、新しくできた友達と別れる前にこう言う。「暗くなってきた？」。すると、リジーとレッドの協力で、何年も消えていたネオンがラジエーター・スプリングスに灯る。ルート66沿いのさびれた町に活気が戻る、魔法のような瞬間だ。

ディズニー・カリフォルニア・アドベンチャー・パークのカーズランドでは、毎晩、日が沈んだ直後に、この名場面が完璧に再現される。映画の挿入曲「シュブーン」が流れるなか、実際に目にするその瞬間は、スクリーン上のシーンと同じ感銘を与えてくれる。昼から夜へと移ろうなか、「Ramone's House of Body Art」「Luigi's Casa Della Tires」「Flo's V8 Café」「the Cozy Cone Motel」「Sarge's Surplus Hut」などのネオンサインがキャブレター郡の町中に灯っていく。

これで夜のパークに向けてのギアチェンジもばっちりだ。

さまざまなパークで

大切なプリンセスを輝かせよう

〈ビビディ・バビディ・ブティック〉でお姫様に変身

　フェアリーゴッドマザーのおまじないは、シンデレラでなくてもかけてもらえる。〈ビビディ・バビディ・ブティック〉に行けば、おとぎ話のようなことが本当に起こるのだ。キャストが子どもたち（3〜12歳）を憧れのディズニー・プリンセス、もしくはプリンスに変身させてくれる。誕生日などの特別な日が、さらにかけがえのない思い出の1日となるだろう。

　子どもたちをファンタジーの世界へと誘うサービスは、世界各地の〈ビビディ・バビディ・ブティック〉で提供されている。格調高い正面玄関を通り、威厳漂うロビーへ足を踏み入れるや、王族になったような気分が味わえる。目に入るのはビロード張りの椅子、ひだを寄せたベルベット、荘厳な装飾、そして華やかなドレスだ。

　ドレスは単なるコスチュームではない。魔法の一部である。白雪姫、ティアナ、ベル、ジャスミン、オーロラ、ラプンツェル、モアナ、アリエル、ティンカー・ベル、メリダ、ムーラン、エルサ、アナ、シンデレラ……大好きなキャラクターを選ぼう。ティアラ、杖、妖精の羽、スピリットジャージー、ヘアバンドなど、アクセサリーも豊富だ。勇ましいディズニーのプリンスや騎士の衣装と装備品もそろっている。

　そして、いよいよ変身の時だ。変身は、いわばディズニーのお家芸である。古典的なアニメーション映画では、アリエルの尾ビレが脚に変わり、人形ピノキオは男の子になり、野獣は堂々たる元の姿を取り戻し、ティアナとナヴィーンはカエルから人間に戻る。ビビディ・バビディの魔法があれば、ただのゲストとして店に入った子どもたちが憧れのキャラクターに変身して、店を出ていく。

魔法の歌

「ビビディ・バビディ・ブー」は1948年にマック・デビッド、アル・ホフマン、ジェリー・リビングストンが作詞作曲し、1950年のアニメ版『シンデレラ』でフェアリーゴッドマザー役のベルナ・フェルトンが歌った。別名「マジック・ソング」とも呼ばれ、ペリー・コモやダイナ・ショアなどによるカバーもヒットチャート上位をにぎわした。

右：ディズニーのフェアリーゴッドマザーのおまじないで夢がかなう。

p.66-67：ゲストに選ばれるのを待つプリンセスやプリンスの衣装。

64　CHAPTER 1 凧をあげよう 体験

　保護者には最前列のシートが用意され、子どもたちが（布をかぶせた鏡に背を向けて）おめかしされていく様子を見守ることができる。そして、魔法の杖のひと振りで妖精もしくはドラゴンの粉が舞ったら、いよいよお披露目だ。椅子が回転し、カーテンが開き、変身した自分と対面する。初めて冠を戴いた喜びの瞬間は、一生の思い出となるだろう。

　ウォルト・ディズニー・ワールドで変身するなら（ベルかシンデレラを選んだ場合は特に）、さらなる魔法として〈ビー・アワ・ゲスト・レストラン〉または〈シンデレラ・ロイヤルテーブル〉（p.262参照）を予約しておくのを勧める。

　〈ビビディ・バビディ・ブティック〉はディズニーランド・リゾート、ウォルト・ディズニー・ワールド・リゾート、香港ディズニーランド、ディズニー・クルーズラインの各船、そして東京ディズニーランドホテルにある。60日前から予約できるので、ぜひ事前予約を。

ウォルトからのメッセージ

ディズニー・レジェンドの1人マーク・デイビスによると、ウォルトはアニメ版『シンデレラ』（1950年）の中で、特にシンデレラのドレスが変わるシーンがお気に入りだったという。フェアリーゴッドマザーのくだりについては、「歌の終わりで奇跡を起こすんだ。『夢はかなうもの』の部分でフェアリーゴッドマザーを登場させる。願いをかなえるために肉体を持って現れるわけだ」と語っていた。

ディズニーランド・パリで

伝説の潜水艦に乗り込もう

ノーチラス号で深海の冒険へ

「ど」こまでも深い海なのだから、太古の巨大生物が今も生きていたとしても不思議はない」。フランスの作家、ジュール・ベルヌはそう書いている。「我々にとっての数年が数百年に、数百年が数千年になるような巨大な種の最後の生き残りが大海に隠れていても、なんの不思議もないのだ」

1955年、［海底2万マイル］というアトラクションがディズニーランドでお披露目された。オープン前夜はウォルト自ら袖をまくり上げ、巨大イカの絵を描いたという。

それは、ウォルトが制作した1954年の同名映画を元にしたウォークスルー型のアトラクションで、映画のセットがそのまま持ち込まれた。

そして今、ネモ船長に捧げられたこのアトラクションが、初めてのアップデートを経てディズニーランド・パリに登場した。ベルヌが思い描いたネモ船長の潜水艦が、実物大で忠実に再現されている。

1994年に完成したディズニーランド・パリ版［海底2万マイル］は、ディスカバリーランドの中にある。深い回り階段を下りていき、海底トンネルを抜けて全長70メートルの潜水艦に乗り込んだら、海底で集めた秘宝を保管するバラスト室、豪華な装飾の船長室、乗組員の居住区、海図室、潜水室と見ていこう。その先には、ネモのオルガンが置かれた大広間がある。最後に、うるさく音を立てる機関室を見て、陸地に帰還する。

ウォルトは1954年に小説『海底二万マイル』を映画化した。現代の私たちは、この名作の世界をディズニーランド・パリで体験できる。

68　CHAPTER 1 凧をあげよう **体験**

さまざまなパークで

地上最大のショーに参加しよう

ディズニーを象徴するパレード

ウォルトは感情の持つ力を理解していた。それはディズニー映画を見ても、ディズニーのパレードを見ても明らかだ。ウォルトにとって英雄的存在だったマーク・トウェインは、その本能的な効果について次のように述べている。「私の見るところ行進は2つの価値を持つ。見世物としての価値と、シンボルとしての価値だ。ささやかな働きとして人の目を楽しませ、大きな働きとして人の思考に働きかけ、精神を高ぶらせ、心を動かし、想像力をかき立てる」

想像してみてほしい。あなたは期待に胸を膨らませて縁石に座っている。音楽が近づき、最初のフロートが視界に入り、思わず一緒に歌を口ずさむ。映画でしか見たことのなかったキャラクターたちが、手を振ってくれる。至近距離でパフォーマンスが繰り広げられたとき、喜びが爆発する。

ディズニーのパレードの歴史は1934年まで遡る。メイシーズ・サンタクロース・パレード（現在のメイシーズ・サンクスギビングデー・パレード）にミッキーマウスが登場したのが、その始まりだ。プルート、ホーレス・ホースカラー、ビッグ・バッド・ウルフ、3匹の子ぶたのバルーンも同じ年にデビューしている。

1955年7月にディズニーランドが開園したとき、メインストリートUSAでお祝いのパレードが行われ、特別な日を盛り上げた。行進にはウォルトはもちろん、家族、友人、同僚、セレブ、マーチングバンド、フロート、騎手、クラッシックカー、そしてディズニーのそうそうたるキャラクターたちが参加した。

同年の感謝祭に初めてのホリデーパレードが開催された。ウォルトとともに先頭に立ったのは、デイビー・クロケットを演じたディズニー・レジェンド、フェス・パーカーだ。

50万個の小さな魔法のライト

[メインストリート・エレクトリカル・パレード]は、1972年にディズニーランドで始まった。テーマソングの冒頭で説明されるとおり、「まぶしく輝く何十万ものライトとエレクトロシンセサイザーの音楽が織りなす、夜の魔法と想像力の壮大なるフェスティバル・ページェント」だ。

右：マジックキングダムの[ディズニー・フェスティバル・オブ・ファンタジー・パレード]でゲストに手を振るミッキーとミニー。

p.72-73：アナ、エルサ、オラフにクリストフ。ディズニーランドの[マジック・ハプンズ・パレード]に癒やされよう。

　世界中のディズニー・パークは今もホリデーパレードを大切にしている。

　パレードは時とともに進化し、巨大なフロートから特大サイズのキャラクター（火を吹くマレフィセントなど）まで、手の込んだ要素を加えていった。夜のパレードは、まばゆい照明とプロジェクションマッピングにより、壮大さを増した。トランポリンを使った曲芸あり、紙吹雪あり、シャボン玉あり、時には雪も降る。パレードの会場はパーク内のストリートに限らない。水上にはネオンカラーに輝くフロートが現れ、帆の上に花火が上がる。

　多くの人にとって、パレードとはルートの沿道に場所を取り、そこに座って開始を待つものかもしれない。だが、東京ディズニーランドのゲストはもう一歩先を行く。レジャーシートと呼ばれる簡易な敷物を持参し、好きな場所に広げておくのだ。人のシートを動かしたり踏んだりしないことが暗黙のルールとなっている。

　レストランのダイニング・パッケージを予約し、特等席から眺める手もある。どこで見るにせよ、驚きと想像力に満ちたパレードの見物もまた、立派な冒険なのだ。

ウォルトからのメッセージ

失敗を恐れないことについて、ウォルトが語っていた逸話がある。パレードに参加したくてたまらなかった少年の話だ。トロンボーン奏者が必要だと聞きつけて、少年は立候補した。ところが、その音のひどいこと。1ブロックも行進しないうちに年配女性2人が気を失い、馬が逃げ出したほどだ。楽長が詰め寄った。「吹けないのなら、なぜそう言わなかった？」。すると少年は答えた。「吹いたことないのに、わかるわけないじゃないですか」

魔法がいっぱい

最高の
ショーマンシップ

　ディズニーのパレードはパークの歩道だけでなく、水上でも行われる。アニマルキングダムで開催される［ディズニー・カイト・テール］では、水上バイクに引かれた大きな凧が空高く上がる。『ライオン・キング』（1994年）のシンバとザズーの凧、『ジャングル・ブック』（1967年）のバルーとキング・ルーイの凧も登場する。ウォルト・ディズニー・ワールドのセブン・シーズ・ラグーンでは、海洋生物と愛国心をテーマにした水上フロート・パレード、［エレクトリカル・ウォーター・ページェント］が見られる。ディズニーランドでは、アメリカ河を舞台にミッキーがホストを務める［ファンタズミック！］が繰り広げられる。50以上のパフォーマンス、大がかりな舞台装置、息をのむ演出、まばゆいばかりの花火と見どころたっぷりのショーだ。

A：ディズニーランド［マジック・ハプンズ・パレード］の主役は、魔法使いの衣装を着たミッキーだ。B：ディズニーランドの［ファンタズミック！］で手を振るラプンツェルとフリン・ライダー。C：［ディズニー・フェスティバル・オブ・ファンタジー・パレード］のピーターパンとウェンディは妖精の粉の力で水上を進む。D：マジックキングダムの［ミッキーのベリー・メリークリスマス・パーティー］を盛り上げるクララベル・カウと仲間たち。E：ボートやフロートの明かりがセブン・シーズ・ラグーンを照らす［エレクトリカル・ウォーター・ページェント］。F：マジックキングダムにはウルフ・ザ・マイムの姿も。G：アニマルキングダムの［ディズニー・カイト・テール］で水上を飛ぶ『ライオン・キング』のキャラクター。H：夢はかなう。マジックキングダムのパレードに参加するディズニー・ドリーマーズ・アカデミーのメンバー。

A

D

B

C

E

F

G

H

カリフォルニア州バーバンク、アナハイムで

ディズニー事情通になろう

D23 Expo とウォルト・ディズニー・スタジオ・ツアー

デ ィズニー信者にとって、生涯の宝物となる肩書き──それがディズニーの公式ファンクラブ、「D23」のメンバーシップだ。D はディズニー、23 はウォルトがロサンゼルスに移り、兄のロイとともに会社（のちのウォルト・ディズニー・カンパニー）を立ち上げた1923年にちなんでいる。D23が発足したのは2009年。ウォルト・ディズニー・カンパニー初のファンクラブの誕生だった。ディズニーが大好きで、特別な情報を知りたい、この情熱を分かち合いたいと思っている人は、ぜひとも加入したほうがいい。一般会員は無料だ。ゴールドメンバーには会員限定の会報『Disney twenty-three』、テーマパークや映画の限定グッズ、特別イベントや上映会への招待といった特典が用意されている。

スペシャルな体験の一部を紹介しよう。D23 Expoは世界最大のディズニーファン・イベントであり、究極の特典だ。アナハイム・コンベンション・センターで開催され、ディズニーのすべてが集結する。マーベル、ピクサー、スター・ウォーズ、テレビ番組、ストリーミング放送、テーマパーク、それぞれの最高傑作である商品、音楽、エンターテインメントが紹介される。コスプレも大歓迎だ。「"マウス"カレード」というコンテストに参加し、楽しい賞品や、"自慢する権利"を狙うといい。会場を回って指さしたり、人間観察をしたり、キャラクターたちと記念撮影したりしているうちに、あっという間に時間は過ぎていく。コレクター向けの限定グッズもある。いくつものステージでパネルディスカッションやプレゼンテーションが行われ、人気の俳優、ブロードウェイの役者、映画監督、イマジニア、さまざまな分野のディズニー・クリエーターらが登壇する。公開予定の実写およびアニメーション映画の予告編がいち早く見られるのはもちろん、

右：究極のファンクラブ「D23」が半年ごとに開催するエキスポでは、最新のディズニー映画、テレビ番組、ストリーミング放送、書籍、キャラクターなどがいっせいに発表される。

p.78-79：ディズニー・レジェンド・プラザを見下ろす7人のこびと。6人は身長5.8メートルだが、中央で建物を支えているドーピーだけ3.7メートルしかない。

時には出演するスターたちもやって来る。ディズニー・パーク限定の試写や試演も行われる。

　限定といえば、スタジオの門をくぐる体験もある。1940年、38歳のウォルトはカリフォルニア州バーバンクでウォルト・ディズニー・スタジオを立ち上げた。ハイペリオン・アベニューの旧スタジオが手狭になったためだ。旧スタジオで誕生したミッキーマウスや、史上初の長編アニメ『白雪姫』（1937年）の成功により実現した最先端施設であり、現在もディズニー・アニメーションの制作拠点となっている。

　ウォルト・ディズニー・スタジオは一般に開放されていないが、D23ゴールドメンバーには特別な見学ツアーが用意されている。チケットがたちまち売り切れてしまうのも無理はない。ツアーでは旧アニメーション・ビルディングを訪ね、『シンデレラ』（1950年）、『わんわん物語』（1955年）、ウォルトが手がけた最後のアニメーション『ジャングル・ブック』（1967年）などの名作が誕生した場所を見学する。ディズニー実写映画のファンなら、『海底２万里』（1954年）や『メリー・ポピンズ』（1964年）など、数々の作品を生み出した防音スタジオに感銘を受けるに違いない。

目指せ、エキスポのエキスパート！

D23 Expoの達人になるには：まずは、アナハイム・コンベンション・センターの近くに泊まること。エキスポのフロアにはエキスポの先輩がぞろぞろいるだろうから、知らない人でも声をかけてみよう（ディズニー文化では知らない人などいないのだが）。心得を１つ、あるいは23くらい教えてくれるはずだ。あとは、飲み物とスナックを持参すること（人気コーナーは長蛇の列かもしれない）。いつでもサインを頼めるようサインペンを携帯すること。そして、とにかく楽しむこと！

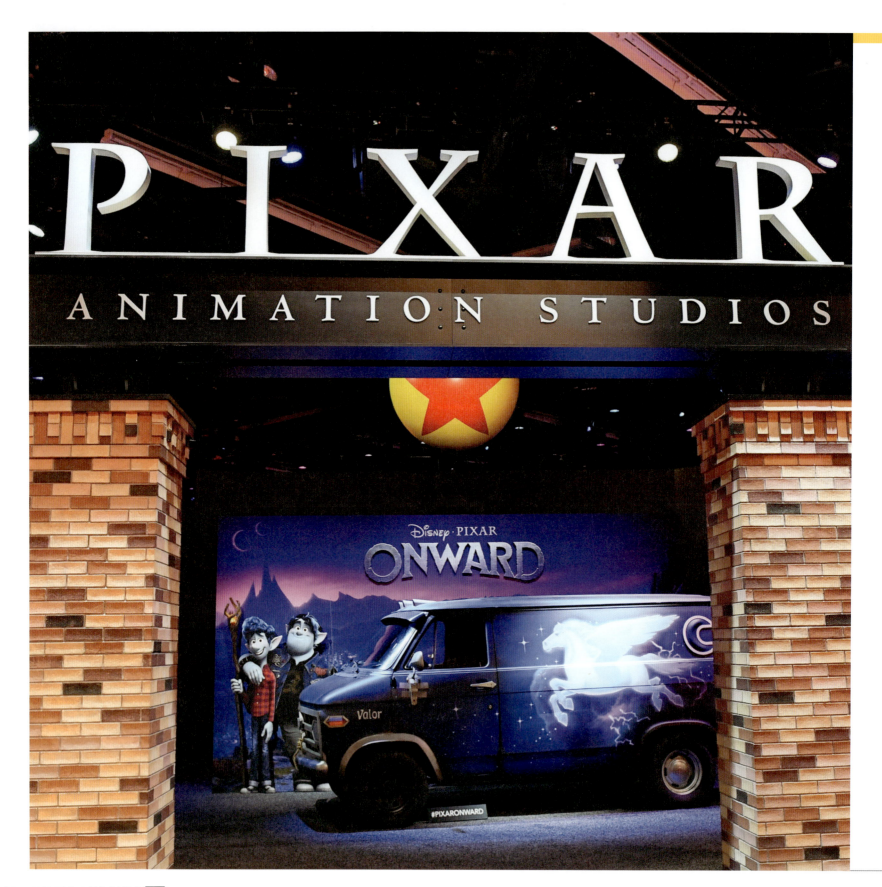

左：D23 Expoは映画の制作発表に立ち会うチャンスだ。例えば2017年のエキスポでは、『2分の1の魔法』（2020年）の制作発表が行われた。
上：ディズニーを丸ごと祝うエキスポでは、特別なライブが開催され、著名人も登場する。

　敷地自体も素晴らしい。外の空間は『ウォルト・ディズニーの約束』（2013年）はじめ多くの作品の撮影に使われている。トレードマークの貯水塔も見覚えあるに違いない。ディズニー・レジェンド・プラザでは、ディズニー・レジェンドの手形が入ったブロンズプレートをチェックしよう。ディズニー・レジェンドとは、ディズニーのレガシーに貢献した人物に贈られる、最高の栄誉ある称号だ。

　さて、メインイベントはこれからだ。同社の歴史的コレクションが収められたウォルト・ディズニー・アーカイブスを訪ねよう。さらに、ウォルトのオフィス「スイート3H」の見学は、ウォルト・ディズニーのファンなら一生の宝となるはずだ。彼が最後に使用した1966年当時の状態が、そっくり復元されている。

ディズニーランド・リゾート、香港ディズニーランドで

ジャングル・リバー・クルーズを楽しもう

川を進む8分間の冒険

　ディズニー映画『トゥルーライフ・アドベンチャーズ』（1948～60年）をベースにしたアトラクション、［ジャングルクルーズ］は、1955年にカリフォルニアでディズニーランドが開業すると同時にスタートした。それから何十年も経過した2021年、今度は逆にアトラクションをベースとした同名映画が制作された。

　ウォルトはこの雄大な冒険アトラクションの細部にまで関わった。おそらく1941年の南米旅行に鼓舞されたのだろう。当初は本物の動物を使うつもりだったが、実行可能性が優先された。動物たちをつくるにあたり、ウォルトは自らイマジニアの前で動いてみせ、再現させた。ゾウの鼻はこう動くべき、といったことまで指示したという。

　［ジャングルクルーズ］は進化し、形を変え、ウォルト・ディズニー・ワールドのマジックキングダムと東京ディズニーランドにも登場した。だが、最高傑作は香港ディズニーランドにある、という声が多い。船長（スキッパー）のナレーションは広東語、北京語、英語から選べ、川を行く8分間の冒険の間、米国のパークでおなじみのギャグや、香港オリジナルのネタで楽しませてくれる。

　圧巻は、どのパークとも異なるフィナーレだ。神々の伝説の渓谷にさしかかると、大迫力の噴火が起こる。水柱を避け、激しい火花と色鮮やかな照明に目を細め、火を吐く神の岬を見送って、最後は安全なドックへと戻る。

　体験しないのはもったい"ナイル"。香港発のジャングルクルーズに乗り込もう。

香港ディズニーランドの［ジャングル・リバー・クルーズ］では、カバなどの野生動物が見られる。

82　CHAPTER 1 凧をあげよう 体験

ウォルトゆかりの地

マーセリーンとウォルト・ディズニー・ホームタウン博物館

ウォルトがミズーリ州マーセリーンで暮らしたのは、わずか4年間だったが、その影響は生涯続いた。「現代と未来の若者たちにも、私がマーセリーンで送ったような幸せな子ども時代を知ってほしい」と語っている。マーセリーンのことを何かにつけ、それも愛情込めて語っていたものだから、娘たちは大きくなるまで、父はマーセリーン生まれだと思い込んでいた。

メインストリートUSAの一部は、マーセリーンの大通りをモデルにしていると言われている。カンザス・アベニュー沿いの建物がウォルトに設計のヒントを与えたようだ。コカ・コーラ社の〈リフレッシュメントコーナー〉はザーチャー・ビルディングにそっくりだし、〈メインストリート・シネマ〉はアップタウン・シネマに似ている。チケット・ブースには「マーセリーン出身のティリー」という名札をつけた美しいマネキンが座っている。

ウォルトは、ディズニー家の農場にあった"ドリーミング・ツリー"の下で絵を描いて過ごした日々に、自身のイマジネーションの源泉があると信じていた。農場は、1906年に父親が南北戦争の退役軍人から購入したものだった。ウォルトが最初のショーを行ったのは、この農場の納屋だ。ヤギ、ブタ、イヌに衣装を着せて"サーカス"を披露したのである。のちにロサンゼルスの自宅裏庭に私設鉄道を敷いたとき、ウォルトはその中央に懐かしの納屋を再現した（p.128参照）。実際の納屋は1930年代に取り壊されたが、2001年に再建され、日の出から日没まで無料で公開されている。忘れずにペンを持っていこう。中の壁にメッセージを残すことが習わしとなり、世界各地からの訪問者が楽しんでいる。

右：ウォルトが故郷と呼び、メインストリートUSAのヒントとなった町を称えるウォルト・ディズニー・ホームタウン博物館。

p.86-87：出発進行！ ディズニーランドの視察のためE・P・リプリー号に乗るウォルト（左）、カリフォルニア州知事グッドウィン・ナイト（中央）、サンタフェ鉄道の社長フレッド・ガーリー（右）。

　妹のルースは、ディズニー家の物語がマーセリーンで語り継がれることを願い、マーセリーンに長く住むケイ・マリンズに個人的な思い出の品を託した。ケイは両親のイネスとラッシュとともに「ウォルト・ディズニー・ホームタウン博物館」を設立。ウォルト生誕100年の誕生日に合わせてオープンした。

　展示室があり、逸話を紹介する動画があり、鉄道の展示がある。それらを通して、世界で最も偉大な語り部であり革新者であったウォルトの歴史が伝わってくる。ハイライトは、1900年代初頭から1960年代後半までに家族と交わした手紙、デール・バーナーが製作したディズニーランドのミニチュア模型（ウォルトが個人的に送った設計図を元にしている）、そして、両親の結婚50周年を記念してつくった世界に3枚しかないレコードだ。

　マーセリーンを巡礼するときは、ウォルトゆかりの場所に足を延ばしてほしい。まず、子ども時代に遊んだE・P・リプリー・パーク（のちにディズニーランドで初めて走らせた蒸気機関車を「E・P・リプリー号」と名づけている）。ウォルト・ディズニー郵便局（ウォルト・ディズニーの名を冠した唯一の連邦ビル）。ウォルトが発注した特別仕様の壁画があるウォルト・ディズニー小学校。1960年のスコーバレー冬季オリンピックの旗竿（ウォルトも式典の演出に助力した）。そして、1966年、ディズニーランドからの引退にあたりウォルトとロイから寄贈され、現在は復元作業中のライド系アトラクション［ミゼット・オートピア］も。

　ウォルト・ディズニー・ホームタウン博物館の所在地は120 E Santa Fe Avenue, Marceline, Missouri。

ディズニーランド・リゾート、
ウォルト・ディズニー・ワールド・リゾートで

ガジェットを使いこなそう

　ディズニー・パークのアプリがあれば、計画が立てやすく、充実した時間が過ごせる。ディズニーランドおよびウォルト・ディズニー・ワールドの「Play Disney Parks」というアプリ（日本では未配信）も使うと、さらに楽しめる。待ち時間が驚くほど早く過ぎ、待つこと自体が喜びとなるのだ。アトラクションのQラインと連動したアクティビティーや、ディズニーの世界に没入できるゲームに参加し、デジタルのご褒美アイテムを集めよう。

　「スター・ウォーズ：ギャラクシーズ・エッジ」は冒険でいっぱいだ。ドロイドをハッキングする、積み荷の箱をスキャンする、通信に耳を傾ける、翻訳するなど、新しい楽しみをたくさん見つけて、自分だけのスター・ウォーズ物語を紡いでいこう。

　一部のゲームは園内にいるときしかプレイできないが、ディズニーのトリビアに挑戦するなど、自宅で楽しめるコンテンツも用意されている。

ディズニー・グランド・フロリディアン・リゾート＆スパ、
ディズニー・グランド・カリフォルニアン・ホテル＆スパで

すてきな
ホリデーを過ごそう

大陸の東と西からメリークリスマス

ディズニー・パークを"ホーム"と感じる人々にとって、冬のホリデーシーズンはことさら特別な意味を持つ。11月中旬から1月の第1週まで、ディズニーランドとウォルト・ディズニー・ワールドでは、数々の陽気な企画でこの季節を祝う。もちろん、ホテルもお祝いムードになる。宿泊しなくても、パークに入園しなくても、特別な季節を満喫することは可能だ。米国の西部でも南東部でもお好きなほうで、ホットチョコレートを片手にすてきなホリデーを過ごそう。

ディズニー・グランド・フロリディアン・リゾート&スパは、ウォルト・ディズニー・ワールド・リゾートで一番きらびやかなホテルだ。ビクトリア朝の装飾が美しく、ステンドグラスのドームに覆われた5階吹き抜けのロビーは、ホリデーシーズンには目を見張るような冬のワンダーランドに変わる。内装担当のデザイナーたちが最も重視するのは、ビクトリア朝という設定にふさわしいかどうかということ（ツリーのテーマは「12日間のクリスマス」）。最も人気があるディスプレイは、20年以上前から恒例となっている実物大のジンジャーブレッドハウス（高さ4メートル以上あり、大人6名が入れる）だ。1週間かけて組み立てていく様子を見ることもでき、それこそ目を見張るしかない。ジンジャーブレッドハウスを自宅につくりたい野心家のため、パティシエのレシピが公開されている。そして、ホリデーシーズンの終わりとともに、ジンジャーブレッドハウスも終わりを迎える。ウォルト・ディズニー・ワールドはサステナビリティーを大切にしてい

失敗しないレシピ

グランド・フロリディアンのジンジャーブレッドハウスの材料を知りたい？ お任せあれ。ハチミツ476kg、卵白66L、粉糖272kg、チョコレート318kg、小麦粉363kg、スパイス16kg、以上！

右：特別なお菓子が用意されるディズニーのクリスマスは、まさに魔法のよう。

p.92-93：高さ4メートルあるグランド・フロリディアンのジンジャーブレッドハウス。

るので、焼き菓子部分を取り除き、甘いべたべたが付着した構造物を再利用する。地元のハチにプレゼントして、蜜を見つけにくい冬場のエサにしてもらうのだ。

　ディズニー・グランド・カリフォルニアン・ホテル＆スパは、ディズニー初のテーマパーク内宿泊施設として誕生した。アメリカン・クラフツマン様式で、内装はカリフォルニア海岸のモントレーマツやセコイアの森林からヒントを得ている。大きな石造りの暖炉と、心地よいロッキングチェアがあり、数あるディズニー・ホテルのなかでもとりわけ温もりが感じられ、くつろげるホテルだ。ジンジャーブレッドハウスは貫禄でこそフロリダに負けるが、印象深さという点では引けをとらない。しかも毎年デザインが変わる。今年はどんなハウスになるのか予想する楽しみがあり、パティシエと話ができる特別な日に、じかに質問できるのもうれしい。見上げるほどのツリーには、木彫りのオーナメント、マイカ（雲母）のランタンなどの手工芸品が飾られ、ロビーの雰囲気をさらに引き立てる。家族写真の撮影に人気のスポットだ。

　1958年にウォルトが始めたクリスマス・イベント「キャンドルライト・プロセッショナル」は、ディズニーランドとエプコットで開催される。

メリーゴーランドでメリークリスマス

ジンジャーブレッドというと、家の形が思い浮かぶが、ディズニー・ビーチクラブ・リゾートのジンジャーブレッドは、2000年からずっと色とりどりの回転木馬である。食べられるものだけで作られていて、テーマと馬の名前は年ごとに変わる。あくまでも展示用だが、小さな子ども4人が遊べる大きさだ。さらなるお楽しみは、毎年どこかに1つある隠れミッキー。見つけられるだろうか。

魔法がいっぱい

クリスマスの
イベント

世界中のディズニー・パークにとってクリスマスは特別なシーズンだ。祝祭、装飾、景色、季節の料理、ホリデーの衣装に身を包むキャラクター、期間限定グッズ、パレード、そびえ立つツリー、そしてお祭り気分──すべてが唯一無二だ。アトラクションにも特別なオーバーレイが施され、ディズニーランドにおけるウォルトの原点、［イッツ・ア・スモールワールド］の人形たちは冬の装いになり、「ジングルシェルズ」など特別な歌をうたう。ディズニー・クルーズラインは「ベリー・メリータイム・クルーズ」を開催し、アドベンチャー・バイ・ディズニーはヨーロッパのクリスマスへ案内してくれる。日帰り旅行であれ長期滞在であれ、ディズニー流のホリデーを祝おうではないか。

A：マジックキングダムのメインストリートUSAも、シンデレラ城までの一帯が特別なオーバーレイで晴れやかに変身する。B：ホリデーには家を飛び出して海に出よう。ミッキー、ミニー、グーフィー、プルート、チップ＆デールがディズニー・ホリデークルーズで待っている。C：ディズニー・グランド・フロリディアン・リゾート＆スパのジンジャーブレッドハウスは細部まですごい。赤鼻のルドルフも食べられる。D：ディズニー・コンテンポラリー・リゾートで全身雪まみれのドナルドに会えるかもしれない。E：ディズニー・ドリーム号のホリデークルーズで陽気なパフォーマンスを楽しもう。F：〈ボードウォーク・ベーカリー〉で命を吹き込まれた『ピーターパン』（1953年）のナナ。チョコレートでできた展示品だ。G：ディズニー・コンテンポラリー・リゾートにはチョコレートのツリーが飾られる。H：ホッホッホー！メインストリートUSAをそりで陽気に進むサンタクロース。2014年、マジックキングダムのクリスマス・パレードで。

A

D

B

C

E

F

G

H

さまざまなパークで

記念のピンを交換しよう

ディズニー・パークのピン・トレーディング

ピン・トレーディングは1896年、ギリシャのアテネで開かれた第1回夏季オリンピックから続く伝統だ。エナメルのピンバッジを選手同士が交換するのだが、それは同時に物語の交換でもある。ここからヒントを得て、ウォルト・ディズニー・ワールドでも1999年にピン・トレーディングが始まった。続いて2000年にディズニーランド、2001年にはディズニーランド・パリでもスタートした。

パーク、ホテル、クルーズ船。ピン・トレーディングはどこでもできる。始めるのも簡単だ。ピンが1つあればいい。パークとホテルのギフトショップ、ダウンタウン・ディズニー、ディズニー・スプリングス、オンラインのshopDisneyで売っているし、インターネットでも購入できる。新品でなくてかまわない。ピンはディズニーの楽しさが詰まった通貨なのだ。ほぼすべてのキャラクター、アトラクション、パークのピンが存在し、限定版、特別版などもある。ピンは見えやすくストラップにつけるのが一般的で、スタートダッシュにかける人のためのスターターセットも用意されている。経験は不問だ。ピンをつけている人に近づいて、交換しないかと声をかければいい。キャストにも声をかけてみよう。彼らはピン・トレーディングが大好きだし、目利きの一部ゲストと違い、持ちかけられた交換は断らない。

ピンをストラップにつける人が多いが、ベスト、たすき、バッグ、イヤーハットにつける人もいる。パーク滞在中は、"ミートアップ"のスケジュールをチェックすること。ディズニーランドのフロンティアランド、パークの外のダウンタウン・ディズニー、ディズニー・スプリングスなどで、ピンの交換会が開催される。

ディズニー・ピン基礎講座

今やピンの種類は6万点を超え、新作も次々登場してくる。種別を把握するだけでも大変だ。まず、ピンは価格に基づいて色分けされている。また、LE（リミテッド・エディション）、LR（リミテッド・リリース）、OE（オープン・エディション）などの略語で表される。裏面に総生産枚数（通常24枚以下）が印字されたAP（アーティスト・プルーフ）は、特に希少なピンだ。

ピン・トレーディングはディズニーの通過儀礼のようなものだ。

96　CHAPTER 1 凧をあげよう 体験

さまざまなパークで

ミッキーと
ミニーに会おう

ディズニーを代表するネズミたちと過ごす充実の時

「**す**べては1匹のネズミから始まった」。ウォルトの有名な言葉だ。それまで、ほかのキャラクターでアニメを制作していたのだが、1928年、とあるビジネス上の紛争によって、オズワルド・ザ・ラッキー・ラビットを失い、それに代わる何かを創作する必要に迫られた。常に楽観的なウォルトはすぐにスケッチブックを取り出し、新しいキャラクターをつくり出す。そのネズミに「モーティマー」と名づけたが、妻のリリアンに反対された。ミッキーという名はリリアンの考案だとされている。ウォルトも賛成し、ミッキーマウスが誕生した。

ミッキーはその年の後半、短編アニメ『蒸気船ウィリー』でデビューを果たす。世界初の音入り映画だ。同作でミッキーはイタズラ好きな甲板員を演じ、同じくこれがデビュー一作となるミニーを喜ばせるため、あれやこれやと奮闘する。初めての上映は1928年11月18日。これがミッキーとミニーの誕生日となった。

ミッキーも普通の有名人と同じだ。テレビや映画で見るのは楽しいし、パレードで手を振ると満たされた気持ちになるが、直接会う機会はプライスレスである。

ミッキーに会いたい、ミニーに会いたいという人が無数にいるため、世界中のパークがその唯一無二の体験を提供している。

例えば、ディズニーランドのミッキーのトゥーンタウンにある家には、1940年の映画『ファンタジア』で魔法使い姿のミッキーが使ったほうきや、友人であるウォルトとの写真がある。そして、隣接するミッキーのムービーバーンでは、舞台裏に回りミッキーとの

ウォルトからのメッセージ

「みんながミッキーマウスを見て笑うのは、とても人間っぽいからだ。それが人気の秘密さ」とウォルトは語っている。「私たちがミッキーに期待し、目指し続けてきたのは、世界中の人が一緒に笑い、笑顔になってくれる存在であり続けること。それだけだ」

右：パークでミッキーとミニーに会おう。サインをもらうのも忘れずに。
p.100-101：ディズニー・リビエラ・リゾートにある〈トッポリーノ・テラス：フレーバー・オブ・ザ・リビエラ〉の「ミッキー＆フレンズとのアートな朝食」では、ミッキーが席まで来てくれるかもしれない。

撮影やハグを楽しめる。ミッキーは東京ディズニーランドにも家を持っていて、スタジオでの撮影の合間に記念撮影に応じてくれる。

　ミッキーがマジックキングダムに滞在しているときは、メインストリートUSAにあるタウンスクエア・シアターの舞台裏に行けば会える。リハーサル室にはマジックの道具がたくさんあるので、「はい、チーズ」と言う前に、帽子からウサギを出してみせてくれるかもしれない。

　ディズニーランド・パリでは魔術師ミッキーがゲストを楽屋に招待し、ダンボに空を飛ぶ自信を与えた羽根などを見せてくれる。写真撮影の前にカードマジックを披露してくれることもある。

　最も新しいところでは、上海ディズニーランドのガーデンズ・オブ・イマジネーション（世界初の植物園タイプのディズニー・パーク）でミッキーと会える。カラフルなギャラリーがQラインを兼ねているので、ミッキーの輝かしいキャリアを描いた数々の肖像画を見ながら進んでいこう。最後に待っているのは、エンチャンテッド・ストーリーブック・キャッスルを背景にした撮影セットとミッキーだ。

ミッキーとは何者なのか？

「ウォルトはミッキーだ。ミッキーが素晴らしいとしたら、それはウォルトが素晴らしいからにほかならない。眉の上げ方から楽しげな歩き方まで、ミッキーの個性はウォルト自身の個性でもある。ミッキーはネズミではなく、ウォルト・ディズニーその人なのだ」──『オーバーランド・マンスリー』誌、1933年10月

CHAPTER 1 凧をあげよう 体験

左：アウラニ・ディズニー・リゾート＆スパの楽園でミッキーとミニーが待っている。
上：キャスタウェイ・ケイの海辺を散策しよう。砂浜で歓迎してくれるのは誰だと思う？

　ミニーもお忘れなく。彼女自身も大スターであり、ミッキーが初めて主演した『飛行機狂』（1929年公開）で共演している。劇場デビューは1928年の『蒸気船ウィリー』。やはり愛しのミッキーと一緒だ。ディズニー・ハリウッド・スタジオの［レッド・カーペット・ドリーム］でも、ミッキーとともにゲストを迎えてくれる。レッドカーペット用のきらびやかなドレスを着たミニーの笑顔は、部屋をぱっと明るくする。そして、あなたの1日を明るく照らしてくれるだろう。
　世界を舞台に活躍する2人だから、会えるチャンスはほかにもある。キャラクターダイニング（p.268参照）に参加すれば、席まで来てくれて楽しい交流のひとときを持てる。ディズニーのクルーズ船が出港するときは、船乗り姿のミッキーとミニーが公式な壮行会を主催してくれる。ハワイのアウラニで2人に会ったら、"アロハ！"と挨拶しよう。

さまざまなパークで

映画の魔法にかかろう

大好きな映画を優雅に鑑賞

Disney＋（ディズニープラス）に加入していれば、お気に入りのディズニー映画を（新旧問わず）自宅で鑑賞できる。だが、みんなで見る体験は格別だ。しかも、完全に復元されたハリウッド劇場で鑑賞できるとしたら？ これはもうエル・キャピタン劇場、通称エル・キャップに行くしかないだろう。

エル・キャピタン劇場は1926年にオープンし、紆余曲折を経て1989年に当時の様式に復元された。オリジナルの設計も多く採用されている。往年の映画館のように、2500本以上のパイプを持つオルガン「マイティ・ワーリッツァー」がステージにせり上がってきて、上映前に演奏してくれる。映画鑑賞を忘れがたい経験にしてくれる演出だ。ディズニーとピクサーの映画の多くが、ここでプレミア上映されるので、D23（p.76参照）に加入している人は、特別イベントをチェックすること。映画の前後に劇場の隣、ハリウッド・ウォーク・オブ・フェームに面した〈ギラデリ・ソーダ・ファウンテン・アンド・チョコレート・ショップ〉に立ち寄れば、往年の雰囲気をいっそう味わえる。昔ながらのサンデー、シェイク、アイスクリームコーンはもちろん、ホットチョコレートやスイーツを楽しもう。ディズニーのギフトやグッズも豊富にそろっている。

ウォルト・ディズニー・ワールド・リゾート直営のホテルに宿泊しているなら、お気に入りのぬいぐるみ、ブランケット、スナックをおともに、無料の上映会「ムービー・アンダー・ザ・スターズ」に参加しよう。毎晩ではないが、プールサイド、ビーチサイド、ロビー近くの芝生のほか、ディズニー・オールスター・スポーツ・リゾートのアメフト競技場でも開催される。フォート・ウィルダネス・リゾート＆キャンプグラウンドには野外劇場がある（p.29参照）。悪天候の場合、大半の会場は屋内に場所を移す。夜間の映画鑑賞は、ディズニーランド・リゾートのホテルでも体験できる。

ディズニー映画のプレミア上映が行われるハリウッドのエル・キャピタン劇場。

CHAPTER 2　アドベンチャー

ADVENTURE IS
A WONDERFUL THING
冒険は素晴らしい
慎重な人も豪胆な人も楽しめるアクティビティー

ディズニー・ハリウッド・スタジオ（p.144参照）にあるハリウッド・タワー・ホテルのロビー。最上階行きのエレベーターに負けないほど怖い。

さまざまなパークで

空におやすみのキスを

壮大なナイトショーを堪能しよう

ウォルトは子どもの頃から花火が好きだった。マーセリーンでは毎年7月4日に独立記念日を祝う花火が上げられた。ディズニーランドで毎晩、「眠れる森の美女の城」の背後で花火が上がる理由はそこにある。

ディズニー・レジェンドのリチャード・シャーマン（兄のロバートとともに「お砂糖ひとさじで」「君のようになりたい」「くまのプーさん」など数々の名曲を作曲した）によれば、ウォルトは花火を「ア・キス・グッドナイト（おやすみのキス）」と呼んでいたという。パークのゲストに対するウォルト流の感謝の伝え方だったのだ。ある晩、妻と一緒にディズニーランドから帰ろうとしていたリチャードは、ウォルトとばったり会った。そして「ウォルト、あなたにお礼を言わなくては。本当に素晴らしい1日でした」と伝えた。そのときのことを彼は回想する。「あの日、花火が始まって音楽が鳴り響き、空を飛ぶティンカー・ベルを見たとき、幸せで胸がいっぱいになり泣いてしまったんだ。ウォルトは私の目を真っすぐ見て、少し微笑んで言った。『あのね、私も毎回そうなんですよ……安全運転で帰ってくださいね』。それから優しくウィンクして、消防署の上のアパートに帰っていったよ」

ウォルト・ディズニー・ワールド：ディズニー・コンテンポラリー・リゾートの最上階にある〈カリフォルニア・グリル〉のディナーを予約しよう。暗くなる前に食事が終わった場合も、レストランに戻り、マジックキングダムの夜空に広がるまばゆいショーを15階の高さから見物できる。すぐ近くのディズニー・ウィルダネス・ロッジのコッパークリーク・ヴィラ＆キャビンでは、海辺のキャビンの網戸付きプライベートポーチから素晴らしい眺めが見える。〈トゥモローランド・テラス〉が開催する「ファイヤーワークス・デザート・パーティー」では、シンデレラ城が見える特等席でデザートと花火を堪能できる。セブン・シーズ・ラグーンから出航するフェリーで「フェリーテイル・ファイヤーワ

右：「眠れる森の美女の城」の背後に上がる花火を見ながら、ディズニーランド・パリに「ボン・ニュイ（おやすみ）」を告げよう。

p.110-111：花火もデザートも捨てがたい人には、セブン・シーズ・ラグーンの「フェリーテイル・ファイヤーワークス：スパークリング・デザート・クルーズ」がおすすめだ。

108　CHAPTER 2　冒険は素晴らしい　アドベンチャー

ークス：スパークリング・デザート・クルーズ」を楽しむのもいい。夜空を照らす花火を見ながら、飲んで食べてクルーズしよう。

　ディズニーランド・パリ：パリの夜のメインディッシュは［ディズニー・イルミネーションズ］だ。「眠れる森の美女の城」に映し出される見事なプロジェクションマッピング、魅惑的な音楽、パリらしい花火を楽しもう。11月限定だが、「ミッキーのマジカル・ファイヤーワークス」という特殊な演出もある。ショーの始まりに、モノクロの照明が幻想的に夜空を照らし、昔の映画のようなちらつきが描き出され、『蒸気船ウィリー』（1928年）のミッキーの口笛が、見る者の感情を揺さぶる。結局、すべてはこのアニメーションから始まったのだ。

　東京ディズニーランドと東京ディズニーシー：［ディズニー・ライト・ザ・ナイト］の花火が両パークの空に上がる。『美女と野獣』（1991年）、『ライオン・キング』（1994年）、『塔の上のラプンツェル』（2010年）など、ディズニー映画の名曲がナイトショーを盛り上げるが、ディズニーランド60周年のテーマソング、「リブ・ザ・マジック」は、とりわけゲストの心の琴線に触れる。

　上海ディズニーランド：ディズニータウンの〈イマジネーション・テラス〉から［イルミネート：ナイトタイム・セレブレーション］を鑑賞しよう。7幕仕立てのこのショーは、大好きなプリンセスやヒーロー、キャラクターたちが繰り広げる夢と光の物語だ。最新のディズニー・パーク

ユー・キャン・フライ！

1961年、ディズニーランドのマッターホーンの頂上からティンカー・ベルが飛び立ち、「眠れる森の美女の城」を越えたところで［ファンタジー・イン・ザ・スカイ］の花火が始まった。ティンカー・ベルは1985年にマジックキングダムの空も飛んでいる。

CHAPTER 2 冒険は素晴らしい アドベンチャー

の全景は、ここの立ち見席からしか望めない。

　香港ディズニーランド：［キャッスル・オブ・マジカル・ドリーム］は"終わらない魔法"を称える新しいナイトショーだ。キャラクターと音楽とふんだんな特殊効果によって物語を紡ぐのは、ディズニーが得意とするところ。一生の宝物となる瞬間へ連れていってくれるだろう。

　ディズニーランド：1956年に［ファンタジー・イン・ザ・スカイ］が始まって以来、花火の舞台は「眠れる森の美女の城」だが、ほかの場所でもナイトショーが行われている。トムソーヤ島の［ファンタズミック！］では、ミッキー、幻想的な照明、映画のクリップ、炎の演出がショーを彩る。さらに、おなじみのキャラクターたちがマークトウェイン号とコロンビア号に乗って登場する。ミストを使うまでもなく、あなたの瞳は潤んでいるかもしれない。ディズニー・カリフォルニア・アドベンチャー・パークでは、プログラム制御された1200の噴水、火を噴く36の大砲、28の高解像度プロジェクターによるスペクタクルショー、［ワールド・オブ・カラー］が展開される。

左：ディズニーランドのトゥモローランドは、さすが花火も未来的だ。
上：最高にマジカルな夜空のショーを見たら、マジックキングダムに「おやすみ」を言う時間だ。

魔法がいっぱい

夜空を彩るスペクタクル

1956年から続くディズニーの花火は、単なる打ち上げ花火から完全なるマルチメディア作品へと進化を遂げた。テクノロジーを駆使した魔法のおかげで、今ではパークに行けない人もバーチャル花火を楽しめる。ウォルト・ディズニー・ワールド・リゾートに宿泊していれば、ホテルの部屋で好きなときに録画を見ることができる。花火ショーの開催中にディナーを取りたい人、別のアトラクションに行きたい人、自分の部屋でゆっくりしたい人にとって最高のサービスだ。小さな子どもがいる家族にとっては、寝かしつける時間から逆算してゆっくり見られるのがありがたい。

A：マジックキングダムの花火を見るならメインストリートUSAが一番だ。B：エプコットの日本館にある赤い鳥居越しに見る、ワールド・ショーケース・ラグーンの素晴らしい花火ショー。C：マジックキングダムではハロウィーン期間中、踊るゴーストたちがシンデレラ城にプロジェクションマッピングされる。D：音楽、花火、照明、水が完璧にシンクロするエプコットの［ハーモニアス］。E：船上でショーを楽しめる「フェリーテイル・ファイヤーワークス：スパークリング・デザート・クルーズ」。F：ディズニー・グランド・フロリディアン・リゾート＆スパの宿泊客として見物する花火は格別だ。G：ディズニーランドのトゥモローランドでは［マッターホーン・ボブスレー］の上空に花火が上がる。H：マークトウェイン号とディズニーランドの花火。ウォルトのお気に入りの競演だ。

A

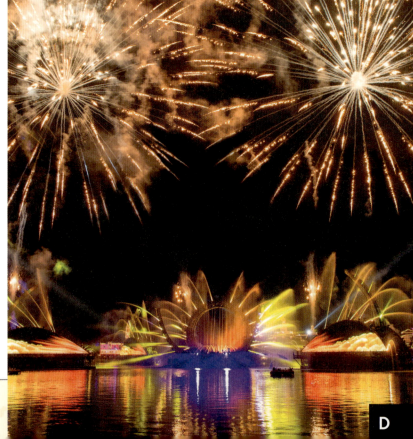

D

アウラニ・ディズニー・リゾート&スパで

思いきり太平洋と親しもう

カタマランボートとシュノーケルの冒険へ

世界のどこからも遠いハワイ諸島。でも、ここにもディズニーはある。
　オアフ島の西海岸に位置するアウラニ・ディズニー・リゾート&スパでは、2通りの方法で太平洋を満喫できる。1つ目はカタマランボートで行くシュノーケリング・ツアーだ。ホロホロ・デスクで申し込み、全長20メートルの船で4時間の冒険に繰り出そう。船上からイルカやウミガメに挨拶し、12〜4月ならザトウクジラにも会えるかもしれない。ガイドの導きで海に入れば、カラフルな海の生き物が迎えてくれる。その後はオアフの太陽の下でゆっくりくつろごう。ツアーには昼食と送迎、そして午後いっぱいの幸せな記憶が含まれている。

　魚たちはハワイの重要な文化の1つだ。近くで見るのにスキューバダイビングに挑む必要はない。潜る必要すらない。太平洋を楽しむ方法の2つめは、アウラニ・リゾートのゲスト専用レインボー・リーフに行くこと。唯一無二のシュノーケリングが体験できる。レインボー・リーフはビーチに隣接するプライベート・ラグーンで、63万リットルの海水の中に50種近くの魚が生息している。このオアシスでシュノーケリングが体験できるのだ。レギュレーターとライフジャケットはホテルが貸してくれるので、気軽に利用できる。専門家に魚の見分け方を習ったり、ハワイの環境システムについて教えてもらったりして、自然の美しさを味わい尽くそう。

　レインボー・リーフには大きな窓が2つあるので、水着にならずに外から眺めて楽しむことも可能だ。

アウラニ・リゾートのレインボー・リーフでは、無数の熱帯魚に囲まれながらプライベート・シュノーケリングを体験できる。

さまざまなパークで

栄誉あるメダルを
獲得しよう

ランディズニー・メダルを懸けたレース

ランニング、ジョギング、ウォーキング。どんなスタイルであろうと、ランディズニー（runDisney）においては「1マイル1マイルが魔法」である。

何より大事なのは、楽しいかどうか。ランディズニーのトレーナーを務める元オリンピアン、ジェフ・ギャロウェイも「タイムは関係ない。マラソンを完走することほど大きな満足感、達成感、自尊心が得られるものを僕はまだ知らない」と言っている。

ヘラクレスのように「ゴー・ザ・ディスタンス（遠距離を走ること）」をいとわないなら、ウォルト・ディズニー・ワールド・リゾートのランディズニー・イベントを目指そう。体力や年齢に応じて選べるよう複数のコースが用意されている。コスプレもイヤー（耳）も大歓迎だ。夜明け前にスタートするので、開場前のパークを走り抜けるという希有な体験ができる。コース途中には写真撮影スポット、キャラクターによるミート＆グリート、応援と励ましの余興もあり、完走者は"自慢する権利"に加え、ディズニー・コレクター垂涎の的である特製記念メダルを手にできる。

それも1つではないかもしれない。

1月のウォルト・ディズニー・ワールド・マラソン・ウィークエンドに新年の抱負を立ててはどうだろうか。5キロ、10キロ、21キロ（ハーフマラソン）、42キロ（フルマラソン）の4種目があり、ハーフとフルの両方に挑戦するグーフィー・チャレンジもある。それでも物足りない人のためには、4日連続で全4レース、計78キロを走るドーピー・チャレンジが用意されている。完走すればそれぞれのメダルに加え、グーフィーとドーピーの特別メダルも授与される。

2月には、ディズニー・プリンセス・ハーフ・マラソン・ウィークエンドがある。ティ

脅威の脚力

2022年、コロラド州のブリタニー・シャボノーが大記録を達成した。ウォルト・ディズニー・ワールド・マラソン・ウィークエンドで開催されたランディズニーのドーピー・チャレンジに成功したのだ。30年近い歴史の中で、5キロ、10キロ、ハーフマラソン、フルマラソンを4日連続で走り、すべてに優勝した人は初めてだ。シャボノーは連日コスチューム姿で走り、ディズニーのクッキーでエネルギー補給した。

右：位置について、用意、食べろ！ ディズニー・ワイン＆ダイン（10キロ）のスタート地点のランナーたち。ゴールには軽食が待っている。

p.120-121：ウォルト・ディズニー・ワールド・リゾートのレースでは、ランナーたちがパークを独占できる。

アラをつけ、大好きなヒロインを代表して走るイベントだ。もっと輝きたい人のためにはディズニー・フェアリーテイル・チャレンジがある。ディズニー・プリンセス・エンチャンテッド（10キロ）とディズニー・プリンセス・ハーフマラソンの両方を完走した人に女王や王にふさわしいメダルが授与される。

11月のワイン&ダイン・ハーフマラソン・ウィークエンドでは、レース後にエプコット・インターナショナル・フード&ワイン・フェスティバルのパーティーで盛り上がる。ディズニー・2コース・チャレンジは、10キロとハーフマラソンで計31キロ走る企画だ。両方完走すれば、ピカピカのメダルがもう1つもらえる。

4月のランディズニー・スプリングタイム・サプライズ・ウィークエンドは2022年に始まった。初回は、アニマルキングダムでの夜間スカベンジャー・ハント（借り物競走）、『レミーのおいしいレストラン』（2007年）にちなんだレース・フォー・ザ・テイスト（10キロ）、あまり怖くないトワイライト・ゾーン・タワー・オブ・テラー（16キロ）が実施された。だが、企画内容は毎年変わる（距離も変わるかもしれない）。3つすべてに挑戦し、待ち受けるサプライズを確認しよう。もちろん、チャレンジメダルも手に入る。

栄えあるメダルをコレクションに加えるには、早めの計画が肝要だ。ランディズニーはあっという間に定員に達してしまう。

完走するために

ランディズニーの場合、距離にひるむ必要はない。元五輪選手で、ランディズニーのトレーナーを務めるジェフ・ギャロウェイが目標達成を手伝ってくれる。トレーニングは無料だ。熟練ランナーであれ、5キロでも不安な初心者であれ、自分に合ったプログラムをrundisney.comからダウンロードしよう。あとは靴のひもを結んで、走るだけだ。

魔法がいっぱい

誰でも楽しめるランイベント

知ってのとおりディズニーは楽しい。だから、ランディズニーも当然楽しい。だとすれば、ウォルト・ディズニー・ワールドに足を運ばずして楽しめる方法を逃す手はない。イベントはすべてバーチャルでも開催されている。5キロも10キロも、全種目に挑戦するドーピー・チャレンジも、地元で走ってメダルをもらうことができる。夏恒例のランディズニー・バーチャル・シリーズに参戦するのもいいだろう。5キロに3回まで挑戦できるイベントだ。自分で日程を決め、マイペースで走ろう。

A：ゴールに向かって一直線。マジックキングダムのメインストリートUSAを走るラストスパートは最高だ。**B**：シンデレラ城の通路を走り抜けてニューファンタジーランドに入る。**C**：キャスタウェイ・ケイでゴールしたら、ビーチ（あるいはクルーズ船）での休息というご褒美が待っている。**D**：ランナーが身につけるのは過去のメダルだけじゃない。ランディズニーでは、多くのランナーが好きなキャラクターに扮して走る。**E**：沿道ではキャラクターが応援してくれる。**F**：キャスタウェイ・ケイでも毎年ランディズニーが開催されている。メダルを手に入れたら、誇らしげに首から下げよう。**G**：ランディズニーの最強のチアリーダー、ミッキーとミニー。**H**：スタートからゴールまで、ランディズニーは魔法とファンタジーでいっぱいのイベントだ。

B

E

F

C

G

H

マジックキングダム・パークで

アドベンチャーランドの秘宝を探そう

アドベンチャーランドにはあちこちに宝物が隠されている。インタラクティブな宝探しに参加して、そうとは知らずに素通りしていたかもしれない宝物を1つ残らず見つけ出そう。

［パイレーツ・アドベンチャー：トレジャーズ・オブ・ザ・セブン・シーズ］は参加費無料。老いも若きも「クロウズ・ネスト」まで来られたし。入隊手続きがすんだら、魔法のお守りを授かり（自分のマジックバンドを使ってもいい）、宝の地図と最初の手がかりを手に、いざ出発だ。

あなたに課される冒険は5つ。ジャック・スパロウ船長のために、アドベンチャーランドに散らばる宝をみんなで集めるのだ。目印は巧妙に隠されているが、指示されたところ以外には、くれぐれも近づかないように。魔法のお守りを使って解錠に成功したら、現実世界でも驚きの魔法が起こる。ただし、用心を怠ってはならない。思いもよらないものが突如命を得て動きだすからだ。忠告をしっかり胸にとめ、次の宝を探しに行こう。

5つのミッションが完了したら、6枚目のカード（ジャック船長の直筆サイン入り）をもらえる。時間制限はない。途中で水分や栄養を補給したくなったら、いつでも中断し、当日中に再開すればいい。

ディズニー・ヒルトンヘッド・アイランド・リゾートで

欲ばりなバケーションを過ごそう

南カリフォルニアの海辺でゴルフ、テニス、サイクリング三昧

　ディズニー・ヒルトンヘッド・アイランド・リゾートは、南カリフォルニアの美しい海辺に立つディズニー・バケーション・クラブのホテルだ。ウォルト・ディズニー・ワールドから車で5時間ほどのところにある。1940年代の狩猟と釣り用のロッジをイメージしているというだけあって、種々のスポーツやレジャーが楽しめる。

　ヒルトンヘッド・アイランドは米国でトップ10に入るゴルファー憧れの地であり、麗しくも難しいコースで知られている。PGA（プロゴルファー協会）ヘリテージ・クラシックが開催される、あのシーパインズ・リゾートのハーバータウン・ゴルフリンクスで、あなたもプレイできるのだ。シーパインどころか、周辺の著名なコースのどこであれ、ホテルに頼めば、ゴルフの"ティー"タイムを手配してくれる。

　テニス派のためには、300以上のテニスコートがある。ハードもクレイもナイターもお好みのままだ。希望すれば、プライベートレッスンも受けられる。

　もっと気楽なレジャーをお望みなら、サイクリングはどうだろう。何百キロにわたる絶景のサイクリング・ロードが整備され、ディズニー・ビーチハウスに続く約2キロのコースもある。大西洋に臨むビーチフロントに位置し、海をテーマとしたこのクラブハウスは、家族でくつろぐのに最高の場所だ。

　ディズニー・ヒルトンヘッド・アイランド・リゾートには、ボッチャ、バスケットボール、シャッフルボール、卓球、パターゴルフの設備がある。自然派のためには、ガイド付き徒歩ツアーや、ピンクニー・アイランド国立野生生物保護区もある。船でブロード・クリークの人なつこいイルカに会いにいくのもいい。

　慎重な人でも豪胆な人でも、自分に合うレジャーがきっと見つかる。

ディズニー・ヒルトンヘッド・アイランド・リゾートで、南カリフォルニアの海岸、湿地、ゴルフコースの美しさを発見してほしい。

ウォルトゆかりの地

ウォルトの納屋

19 50年代初頭、ウォルトはロサンゼルスの自宅裏庭にミニチュア鉄道を敷設した。それに「キャロルウッド・パシフィック鉄道（CPRR）」と名づけたのは、愛してやまないセントラル・パシフィック鉄道と、住まいのあったカリフォルニア州ホルムビー・ヒルズのキャロルウッド・ドライブへのオマージュだ。列車名の「リリー・ベル173号」は、セントラル・パシフィック173号に由来する。ウォルトは、「強制遠近法」という手法を使って、ミズーリ州マーセリーンのディズニー家の農場にある納屋の縮小版を再現し（p.84参照）、そこから遠隔操作で軌道を切り替えられるようにした。それは、スタジオでの長い1日の疲れを癒やす、息抜きの場所だった。大工仕事の腕を生かして模型や列車を製作し、時には友人を楽しませた。

このミニチュア納屋は、ディズニー史という観点から見れば、いっそう大きな意義を持つ。ウォルトがディズニーランドの構想を立てた場所ということで、多くの人がこの納屋を"イマジニア発祥の地"ととらえている。「イマジニア」は、ウォルトが「イマジネーション」と「エンジニア」を合成した造語だ。ディズニーランドの建設に携わったエンジニア、設計者、建築家、アーティスト、および、今も世界中でディズニーのパークを設計し、かけがえのない体験を創造している人々を指す。

ウォルトの死から数年後に、子ども時代を過ごした家が売却されたとき、娘のダイアンは「キャロルウッドの納屋」を保存すると決めた。1999年、ディズニー家の意向により、グリフィス・パークのロサンゼルス・ライブ・スティーマーズ鉄道博物館（ウォルトが創設メンバーだった）に移設された。

非営利団体のキャロルウッド財団が管理する「ウォルトの納屋」は、ウォルトの鉄道愛を称え、彼が残した鉄道関連の品を保管している。そこには、ウォルトお手製の作業台、愛用の道具、自宅と直通でつながっていた昔ながらの電話、貴重な写真類、同

右：ウォルト・ディズニーの「キャロルウッドの納屋」はグリフィス・パークに移設され、ロサンゼルス・ライブ・スティーマーズ鉄道博物館の一部となっている。

p.130-131：カリフォルニア州ホルムビー・ヒルズの自宅裏の納屋で、ウォルトは実際に乗れるミニチュア鉄道をつくり、「キャロルウッド・パシフィック鉄道」と呼んだ。

じ趣味を持つ友人たちからの贈り物、オリジナルのスイッチ盤などがある。

　ウォルトのコンバイン（一部が座席、残りが貨物用スペースとなっている客車）も展示されている。その名は「Retlaw（レットロー）1号」。Walter（ウォルター）を逆に綴ったものであり、彼の私法人の名前でもあった。車両は、彼が15歳のとき新聞配達をしていたミズーリ・パシフィック鉄道の車両によく似ている。ウォルト少年は販売業務の合間、機関車に一番近いコンバインでよく休憩していたという。ディズニーランドの鉄道にコンバインを走らせることは合理的でなかったが（貨物用スペースのぶんゲストの座席が減ってしまう）、それでもウォルトは走らせた。このコンバインは1974年まで園内を走り、その後、キャロルウッド財団の手に渡った。今では、鉄道がウォルトに与えた影響や、1800年代半ばの父親イライアスの時代からウォルトが亡くなる1966年までの流れなど、鉄道とディズニーランドの歴史をひもとく展示に隣接する形で置かれている。

　ディズニー・レジェンド、オリー・ジョンストンの名を冠した駅も必見だ。『バンビ』（1942年）のとんすけ、『ピーターパン』（1953年）のミスター・スミー、『ジャングル・ブック』（1967年）のバルーなどを生み出したオリーは、ウォルトが愛情を込めて「ナイン・オールド・メン」と呼んだ主要アニメーターの1人で、大の鉄道ファンでもあった。

　ウォルトの納屋は毎月第3日曜日の午前11時から午後3時まで、無料で一般公開されている。

131

エプコットで

ニモの世界に浸ろう

海の仲間たちと過ごす1日

ウォルト・ディズニー・ワールドのエプコットにある「シー・ウィズ・ニモ&フレンズ」は、入場する前から楽しいパビリオンだ。実物より大きなマーリン、ドリー、ギル、時折「マイン、マイン、マイン（ちょうだい、ちょうだい、ちょうだい）！」と鳴くカモメたちに会える。もちろん、あの愛すべきクマノミもいる。このパビリオンは、同名のアトラクションの入り口でもある。「クラムモービル」という貝殻型のライドに乗り込み、波の下の世界へ飛び込めば、魚に優しいホホジロザメのリーダー、ブルースに会える。クラゲを避けながら、アオウミガメのクラッシュと一緒に東オーストラリア海流（EAC）に乗ろう。

ただし、本物の冒険は別の場所にある。パビリオンの内側は、なんと2150万リットルの海水をたたえた水族館になっているのだ。60種4000個体が生息する「カリビアン・コーラル・リーフ・アクアリウム」は米国で2番目に大きな水族館で、世界最大級の人工海洋環境である。ウミガメ、テングハギ、イルカ、エイ、サメを観察しよう。2階の展望室では、海中にいるかのような感覚に浸れる。

堂々たるマナティーも見逃してはならない。大きくて魅惑的な海の生き物だが、実はマナティーも私たちゲスト同様、ここに永住しているわけではない。この水族館にいるのは、病気のマナティーやケガをしたマナティーだ。快復するのに必要な環境をディズニーの動物飼育員が常に整えている。しっかり休養を取らせ、可能であればリハビリを終えてから野生に戻すことが目標だ。

右：水量2150万リットルのカリビアン・コーラル・リーフ・アクアリウム。世界最大級の人工海洋環境であり、4000以上の海の生き物がすんでいる。

p.134-135：エプコットの［タートル・トーク・ウィズ・クラッシュ］では、あの人気者のアオウミガメとおしゃべりできる。

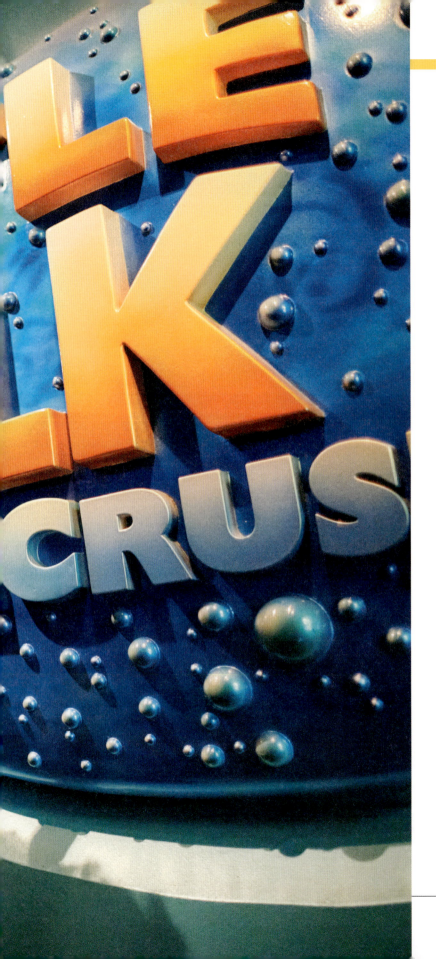

　忘れんぼうのドリーが友達を探すのを手伝おう。おまけのお楽しみとして、水族館のスカベンジャーハントに挑戦するのもいい。地図に従ってパビリオンを回り、謎解きをしてシールを集めよう。エイ先生を探して、授業を受けること。たくさんの展示を回りながら、驚くべき海の生き物たちについて楽しく学ぶことができる。

　小さい子が大興奮するのが、［タートル・トーク・ウィズ・クラッシュ］だ。アオウミガメのクラッシュが目の前まで泳いできて、ハイドロフォン（海の生物との会話を可能にする水中マイク）を使ってスクリーンの前のみんなの質問に答えたり、楽しくおしゃべりしたりしてくれる。リアルタイムでインタラクティブな対話だから、内容はショーごとに変わる。

　海底をテーマにした〈コーラルリーフ・レストラン〉を予約しておけば、食事中も海を感じられる。床から天井までガラス張りなので、サンゴ礁やさまざまな海の生き物を眺めながら、海の幸のランチやディナーを楽しめる。子どもたちが大好きな陸地の食材を使ったメニューも用意されている。

　百聞は一見にしかず。自分の目で確かめよう。

新たな船出

1986年にオープンしたパビリオン「リビング・シー」には、〈コーラルリーフ〉というレストランと［リビング・シー］というアトラクションがあった。シー・キャブに乗り込み、海底基地アルファへ冒険に行くアトラクションだ。その後、『ファインディング・ニモ』（2003年）をベースに2つのアトラクション──［タートル・トーク・ウィズ・クラッシュ］と［シー・ウィズ・ニモ＆フレンズ］がつくられ、2006年に現在のパビリオンが新生オープンした。

さまざまなパークで
隠れミッキーを見つけよう

　ミッキー隠し（ミッキーマウスの頭に見える丸3つをこっそり紛れ込ませる）は、もともとイマジニアの内輪ネタだったが、今やファンが心から楽しみにしている非公式な遊びへと発展した。ディズニーのパーク、アトラクション、ホテル、レストラン、クルーズ船での隠れミッキー探しは、あらゆる年齢層を喜ばせている。ルールはいたってシンプル。楽しく探し回ること、それだけだ。

　ミッキーは誰にでも見える場所で、カメレオンのようにカムフラージュしているので、見つけるのは意外と難しい。ヒントが欲しい人はキャストに声をかけるといい。喜んで教えてくれるはずだ。

　ディズニー・ハリウッド・スタジオにある［ミッキーとミニーのランナウェイ・レイルウェイ］は、ミッキーと仲間たちが初めて主役を張ったライドアトラクションだ。当然ながら、ウォルト・ディズニー・ワールド・リゾートの4つのパークのなかで、最も隠れミッキーが多い場所である。Qラインに入った瞬間から汽車を降りるときまで、目を皿にして探しまくること。

　ネタバレ注意：アトラクション、パーク、クルーズ船、ホテルを探しても見つからない特大サイズの隠れミッキーがある。空からだけ見えるようになっているのだ。Google Earthで探したら、もしかすると見つかるかもしれない。ウォルト・ディズニー・ワールド・リゾートでは、4万8000枚のパネルを並べた太陽光発電所が実はミッキーの形をしている。エプコットの近くに設置され、5メガワット、すなわち1000世帯分の電力を生み出している。ディズニー・アニマルキングダムでは、［エクスペディション・エベレスト］の外に張り出したレールがミッキーの耳、山々がミッキーの頭の形をしている。

　Oh boy!（なんてこった！）

上海ディズニーランドで

海賊の暮らしを
疑似体験しよう

［カリブの海賊：バトル・フォー・ザ・サンケン・トレジャー］の金塊探し

ディズニーランドのアトラクション、［カリブの海賊］を開発していたときの話だ。ウォルトはイマジニアたちに命じた。1964〜65年のニューヨーク万博で成功を収めた［カルーセル・オブ・プログレス］と［グレート・モメンツ・ウィズ・ミスター・リンカーン］のオーディオ・アニマトロニクス人形のことは忘れて、もっとビッグに考えろ、と。「マッハ1ならあれでもいい。だが、私はマッハ3を狙っているんだ」

上海ディズニーランドの開発にあたったイマジニアは、初代アトラクションに敬意を払いつつ、一気にマッハ10まで引き上げた。［カリブの海賊：バトル・フォー・ザ・サンケン・トレジャー］に類するものは、世界中のどのディズニー・パークにもない。

最先端のオーディオ・アニマトロニクス人形、最新型のメディア装置、独自のライド・システムを駆使し、まるで映画のシーンに入り込んだかのような感覚を味わわせてくれる。

ゲストは廃墟と化した巨大要塞に入り、究極の冒険へと出発する。骸骨だったジャック・スパロウ船長が生身の海賊の姿に戻ったところで、いよいよアクションの始まりだ。ディズニー・レジェンドのハンス・ジマーが作曲した『パイレーツ・オブ・カリビアン』のテーマ曲に乗り、ボートは海の底へと突っ込む。至るところに沈没船が見え、怪物クラーケンが目覚め、この世のものならぬ人魚たちが冒険をけしかける。

お宝の山が見えた喜びもつかの間、そこには幽霊船の船長、デイビー・ジョーンズの姿がある。ジョーンズが邪魔者の存在に気づくと、ボートが急浮上して戦いが始まる。ジャック船長とジョーンズが激しく剣を交えるシーンは、完全に新しい次元の立ち回りでゲストを魅了する。勇ましいフィナーレを迎えたあとに驚きが待ち受けているが、それは行ってみてのお楽しみだ。

上海ディズニーランドの［カリブの海賊］では、沈んだ財宝の所有権を主張するデイビー・ジョーンズ船長に会える。

ディズニー・クルーズラインで

メリダのふるさとを訪ねよう

スコットランドと出会う船の旅

ピクサー公式サイトで『メリダとおそろしの森』（2012年）の予告ページ（英語のみ）を見ると、「険しく謎の多いスコットランドのハイランド地方では、古来より代々、壮大な戦いと神秘の伝説が語り継がれている。メリダがしきたりに立ち向かい、運命を変えようとするとき、伝説にまた1つ新たな物語が加わる」とある。

英国ドーバーから出発するディズニークルーズに乗り込む幸運な少年少女にも、勇敢な冒険が待っている。

船がスコットランドのグリーノックに入港すると、ゲストは死火山と断崖の上にある都市、エディンバラへと移動する。中世の面影を残すオールドタウンとニュータウンの歴史的建造物を軽く見学してから、かの有名なエディンバラ城を訪ねる。スコットランドの王や女王が暮らした城を見学することで、その後のアクティビティーのイメージが膨らむはずだ。5歳以上の子ども向けには、家紋とその象徴についての解説がある。そしてディズニー・クルーズラインのユースアクティビティー・カウンセラーの指導のもと、この貴重な日帰りツアーの記念に、自分だけの盾をつくる。子どもたちが思い出の品をつくっている間、大人たちは自由に場内を見学できる。

再び集合したら、いよいよ午後のメインイベント。ディズニーのプリンセス、メリダへの謁見の時間だ。炎のように赤い髪をした伝説の少女に会い、一緒に写真を撮ってから、バスに戻る。

ほかの乗客に自慢できる、とっておきのうんちくを教えよう。何を隠そう、『メリダとおそろしの森』のダンブロック城は、ピクサー映画に初めて登場したお城なのだ。

メリダに会いに行こう

メリダはスコットランド生まれのヒロインだ。王家に生まれた、情熱的で真っすぐなティーンエイジャーである。弓にも剣にも馬術にも長け、屋外で過ごすのが性に合っている。そんなメリダが冒険の旅に出て、次のように語る。「運命は自分の意志では変えられないと言う人もいる。運命は自分のものではない、と。でも、私は知っている。運命は私たちの中にある。それを見つめる勇気を持てばいいだけだ」

本場のバグパイプ演奏を聴き、赤毛のメリダの故郷を訪ね、メリダの生活を体験しよう。

アウラニ・ディズニー・リゾート&スパで

楽園の
パフォーマンスを
満喫しよう

星空の下で祝うハワイの歴史

　アウラニ・リゾートの芝生で開催される「カ・ヴァア：ルアウ」は、ハワイの歴史に触れながら、家族全員で楽しめるイベントだ。ショーの前には、タロイモ・プディングをつくる実演がある。タロイモはでんぷんの豊富な根菜で、その保存食は、カヌーで何カ月も海を渡るときの主食となった。それから、素晴らしい歓迎の歌に耳を傾け、魚など島の食材を使った３品のごちそうとデザートに舌鼓を打とう。子ども（ハワイ語で「ケイキ」という）向けのメニューも用意されている。

　ルアウ（宴）にはエンターテインメントがつきものだ。ディズニー以上にエンターテインメントの得意な者がいるだろうか。ミッキーとミニーが正式な「アウラニ・フラ」を見せてくれるので、星たちと一緒に踊ろう。この魔法のようなショーは歌、語り、太鼓、そして最後のファイヤーダンスを通して、ハワイの歴史を生き生きと伝えてくれる。

　「カ・ヴァア：ルアウ」にはジェネラル（一般）とプリファード（優先）の２つのコースがある。いずれもレイのプレゼントがつき、アルコール、ノンアルコールともに飲み放題だが、プリファードには写真、アーリー・チェックイン、優待席という特典がつく。なお、「カ・ヴァア：ルアウ」のアメリカ手話通訳を希望する場合は、14日前までに電話で伝えること。

　ハワイの歴史を巡る魅惑の旅に乗り遅れないように。アロハ！

ハワイの伝統を称えて踊る「カ・ヴァア：ルアウ」のダンサーたち。

さまざまなパークで

絶叫系アトラクションを極めよう

大落下と胃がひっくり返りそうな回転に備えよ

魅せ方、楽しませ方をよくわかっているディズニーだが、同じくらい怖がらせ方も心得ている。怖いもの知らずの来場者（根性があって胃も強い人）のために、アドレナリンがほとばしる最高のアトラクションを紹介しよう。

ロックンローラー・コースター：エアロスミスが主役の、手に汗握るアトラクション。ディズニー・ハリウッド・スタジオに登場した1999年当時、エアロスミスは世界屈指のホットなバンドだった。Gフォース・レコード社でのプレショーを楽しんだら、超長型リムジンで出発だ。ハリウッドの名所を横目に、猛スピードで駆け抜けるが、はたしてエアロスミスのコンサートに間に合うだろうか。行く手には交通渋滞、ロールオーバー（横回転）2回、コークスクリュー（らせん回転）1回が待ち受けている。車両はスピーカー125個、サブウーファー・スピーカー24個を搭載し、3万2000ワットの音響でそれぞれ違う曲をがんがん響かせる。

トワイライトゾーン・タワー・オブ・テラー：1960年代のテレビドラマ『トワイライトゾーン』を元にしたアトラクション。不思議なことが起こるトワイライトゾーンは、ディズニー・ハリウッド・スタジオのガワー通りとサンセット大通りが交わる角にある。「チェックインできてもチェックアウトできるとは限らない」と警告され、荒れ果てたホテルの中を進むと、ホストのロッド・サーリングが現れ、1939年のハロウィーンの夜について語りだす。宿泊客を乗せたエレベーターに雷が落ちたと聞かされたあと、クライマックスは、13階まで上がったエレベーターの大落下だ。眼下にパークがちらりと見え、高さを実感したあとだけに始末が悪い。下へ参ります――トワイライトゾーンまで停まりません。

求む、レジスタンス・メンバー

同志よ、銀河一の規模、双方向性、没入感を誇る壮大なアトラクションへようこそ。[スター・ウォーズ：ライズ・オブ・ザ・レジデンス]では、いきなりアクションのただ中に（しかもファースト・オーダーの捕虜として）放り込まれる。とんでもないスケールの脱出劇であり、20分近くにわたって、複数のライドを使うマルチプル・ライド・システムはスリルたっぷり。かつてないタイプのアドベンチャーだ。

右：入れるものなら入るがいい。[トワイライトゾーン・タワー・オブ・テラー]のエレベーターは13階から急降下する。究極のスリルだ。

p.146-147：しっかりつかまって！[ロックンローラー・コースター]の爆走が始まる。

ミッション：スペース：ブルー・オリジンやバージン・ギャラクティックが民間宇宙旅行を始める前、エプコットの国際宇宙訓練センター（ISTC）ではX-2ディープ・スペース・シャトルに搭乗するための訓練が行われていた。現在も稼働するシミュレーターは2台。火星を目指すオレンジ・ミッションは斜めになる高速回転装置を使い、打ち上げ時と再突入時の速度および重力加速度（G）を過激に体感させてくれる。一方、穏やかに地球を周回するグリーン・ミッションは、家族で楽しめる。

ガーディアンズ・オブ・ギャラクシー：コズミック・リワインド：イマジニアたちがエプコットのアトラクション用に新型ローラーコースター「オムニコースター」を開発した。360度回転するため、どんなアクションも思いのままで、銀河を守るガーディアンに力を貸すことができる。ディズニー初の後ろ向きスタートであり、インドアのコースターとしては世界有数の長さを誇る。ロケット、グルート、ガモーラ、ドラックス、スター・ロードがあなたを待っている。

トロン：上海ディズニーランドの［トロン・ライトサイクル・パワー・ラン］に続き、ウォルト・ディズニー・ワールドのマジックキングダムに［トロン・ライトサイクル／ラン］が登場する。映画『トロン』を元にしたアトラクションで、二輪車の「ライトサイクル」が連なるライドに乗り、サイバースペース「グリッド」と未知なるデジタルの世界を疾走する。「アップロード・コンジット」という波打つ天井が特徴の半閉鎖型なので、乗客も地上から見ている人もその眺めに心を奪われるだろう。

ピクサーのコースター

ディズニー・ハリウッド・スタジオのトイストーリー・ランドにあるアンディの広い裏庭に［スリンキー・ドッグ・ダッシュ］がある。限界まで伸びたスリンキー・ドッグのコイルに乗り、カーブや急降下で盛り上がるコースターだ。ディズニー・カリフォルニア・アドベンチャーでは、ジャック・ジャックを追いかける［インクレディコースター］がおすすめだ。スタンディングスタートから次々に突入するトンネル、特殊効果。大満足すること請け合いだ。

ウォルト・ディズニー・ワールド・リゾートで

ホールインワンを決めよう

ファンタジア・ガーデンとウィンター・サマーランドのミニゴルフ場

ウォルト・ディズニー・ワールド・リゾートで休暇を過ごす家族連れの多くは、パーク外でも遊ぶ予定を入れている。間違いなく楽しめるのが、18ホールをパターで回るミニチュアゴルフだ。あるディズニーの名作映画にちなんだコースが2つあり、その他のコースは予想もつかない冒険へ連れ出してくれる。

その名作とは『ファンタジア』である。1940年にプレミア上映された画期的な作品で、レオポルド・ストコフスキー指揮によるオーケストラが音楽を担当した。2コースは、エプコットからもディズニー・ハリウッド・スタジオからも近いファンタジア・ガーデン・アンド・フェアウェイ・ミニチュア・ゴルフというゴルフ場にあるのだが、ここでは技術より運がものをいう。音符、鍵盤、にょきにょき生えるキノコ、くるくる回る雪の結晶、ワニの口、チュチュを着て踊るカバの間を縫いながら、パターで進んでいこう。18番ホールのあたりには魔法使い姿のミッキーと水の入ったバケツが待ち受けている。

一方、ディズニー・ウィンター・サマーランド・ミニチュア・ゴルフコースでは、陽気なバケーションが過ごせるだろう。このゴルフ場の物語は、とあるクリスマス・イブまで遡る。北極に戻る途中のサンタが、世界有数の別荘地オーランドの上空にさしかかったとき、エルフたちのオフシーズンの滞在先にと思いついたのだ。わくわくするアイデアだったが、混乱も生じた。夏の暑さが好きなエルフもいれば、北極で慣れ親しんだ極寒を好む者もいる。そこで折衷案として、夏と冬の2コースをつくることにした。陽光の降りそそぐフロリダのビーチを表す砂のコース「サマー」では、砂の城やサーフボードの脇を「ボールをたたこう、ファララララーラ」と進み、雪のコース「ウィンター」では、ノースポールならぬノースホールを目指すというわけだ。

ファンタジア・ガーデン・アンド・フェアウェイ・ミニチュア・ゴルフにある18ホールのミニゴルフコースは、映画『ファンタジア』（1940年）に敬意を表して1996年につくられた。

ディズニー・アニマルキングダムで

ラッセルのような 自然探検隊員になろう

「自然とは探検するもの」

『**カ**ールじいさんの空飛ぶ家』（2009年）のラッセルみたいなウィルダネス・エクスプローラー（自然探検隊員）になろう。「お年寄りのお手伝いバッジ」をもらうべく、気難しい男やもめのカールじいさんを手伝おうと頑張る、あの男の子だ。ラッセルのように風船の家でパラダイスの滝まで飛んでいかなくても、自然探検隊員になる方法はある。

　ディズニー・アニマルキングダムの［ウィルダネス・エクスプローラーズ］は、ディズニーの動物・科学・環境（ASE）部門とウォルト・ディズニー・イマジニアリング社のタッグにより生まれた素晴らしいプログラムだ。地球環境の保全・保護への意識を高めるというパークの使命を、ASEキャストとイマジニアが掘り下げた。そのコンセプトを元にイマジニアたちとピクサーのアーティストたちが協力し、バッジや造形を通して具現化した。

　かくして、ディズニー・パークの数あるアトラクションのなかでも特に楽しくて勉強になる、対話型のプログラムが完成した。自然に関する課題に各自が挑み、ラッセルの足跡をたどっていく。おっと、その前に隊の標語の確認だ。

　「探検隊は自然の友。葉っぱや魚やオケラとも」

　では、始めよう。最初に近くのウィルダネス・エクスプローラーズ・ステーションへ行き、無料のハンドブックを手に入れる。探検は簡単な3ステップからなる。園内のバッジがある場所を地図で調べる、該当ページの指示に従って活動する、最後に隊長を見つけてバッジを受け取る——それだけだ。隊長は特別な制服を着て、オレンジ色のかばんを斜めがけしているので、すぐにわかる。

右：動物を表すハンドサインや動物の鳴き声を習ったら、ウィルダネス・エクスプローラーズのバッジがもらえる。

p.152-153：ウィルダネス・エクスプローラーズ・クラブハウスに行けば、ラッセルとダグに会えるかもしれない。

　バッジを集めながら、昆虫、植物、フラミンゴ、生態系、サファリ、生息環境、リサイクル、動物栄養学、ハイキング、獣医学、森林地、コウモリ、追尾、ゴリラ、環境保全、エベレスト山、野鳥観察、化石、恐竜、トラ（世界で最も絶滅を危惧されている動物種の1つだ）、さまざまな動物の鳴き声などについて学んでいこう。

　鳴き声といえば、[ウィルダネス・エクスプローラーズ]には鳴き声のバッジがある。映画でラッセルがしていたのと同じ正式な鳴き声やハンドサインを、本部の隊長が教えてくれる。「自然とは探検するもの。ギャー、ギャー、ガオー！」。恥ずかしがることはない。ラッセルを見習おう。探検隊の仲間を見かけたら、一緒に試してみるといい。

　バッジを全部集めれば上級隊員になれる。心配ご無用。自分のペースで進めばいい。その日のうちにコンプリートできなくても、次回の来園時にハンドブックを持ってくれば、また続きから始められる。

　アニマルキングダムのウィルダネス・エクスプローラーズにおける現指揮官は誰だかご存じだろうか。答えはピクサー・アニメーション・スタジオの最高クリエイティブ責任者、ピート・ドクターだ。『カールじいさんの空飛ぶ家』の監督として、この栄誉を授かった。ほかにも『モンスターズ・インク』（2001年）、『インサイド・ヘッド』（2015年）、『ソウルフル・ワールド』（2020年）などのピクサー代表作を手がけている。

よくかみしめて

自然探検隊の隊員なら知っていることだが、動物はそれぞれに必要なものを食べている。人間は干し草を食べないし、カバはマカロニとチーズを食べない。間違えて食べれば、人間もカバも病気になりかねない。動物栄養学のバッジをもらうには、動物が繁栄するのを助ける食べ物について学ぶ必要がある。自然探検隊の隊員として、野生動物には絶対にエサをやらないことを約束しよう。

アウラニ・ディズニー・リゾート&スパで

メネフネ・アドベンチャー・トレイルに参加しよう

ハワイには、メネフネというイタズラ好きな"小さい人"がいる。魔法が使え、夜間に活動する。朝起きたとき、橋やカヌーの作業が進んでいたら、彼らの仕業かもしれない。

メネフネが実在する証拠は、アウラニ・リゾートの庭、ロビー、テーブルの下、岩の下など、そこかしこに見られる。アウラニ・リゾートはハワイとその伝説についてもっと知ってもらうために、インタラクティブな宝探しを企画した。

［メネフネ・アドベンチャー・トレイル］に参加して、ホテルの集会場〈パウ・ハナ〉で渡されるタブレット片手に謎を解きながら、手がかりを追おう。正解にたどり着けた人には、風景が動きだすというご褒美がある。

宿泊者の参加は無料。家族そろって素晴らしい時を過ごせる冒険だ。

ウォルトゆかりの地

ロサンゼルスの カートゥーン・スタジオ

19 23年、破産したウォルトは新しいスタートを切るためロサンゼルスへ移り、叔父ロバートの部屋を借りた。だが、切望していた実写映画の監督という職は見つからず、経験あるカートゥーンの世界へ戻り、中古のカメラを買って、新しい"スタジオ"設立を目指した。ロバートが家賃に週1ドル上乗せするだけで小さなガレージを貸してくれたので、余っていた木材を使ってアニメ制作台を手作りし、ギャグアニメをつくっては地元の劇場主に売り込んでいた。

ほどなくウォルトと兄のロイは『アリス・コメディー』シリーズを制作する契約を獲得し、ディズニー・ブラザーズ・カートゥーン・スタジオが誕生した。だが、ガレージではどうにもスペースが足りなかった。そこで、叔父の家から数ブロックのキングスウェル・アベニューに仮事務所を構える。だが、不動産屋のビルの裏だったその事務所も、すぐまた手狭になり、1924年にその隣へ移った。この「キングスウェル・アベニュー4649番地」が、ディズニー・ブラザーズ・カートゥーン・スタジオの最初の正式な所在地とされている。数年後、兄弟はハイペリオン通りの新スタジオへ移転。そこでミッキーマウスが誕生し、『白雪姫』(1937年)が完成した。これらの成功により、さらなる制作スペースが必要となった結果、1940年、最新鋭の設備を備えたバーバンクのウォルト・ディズニー・スタジオに移転し、そこが最終拠点となった。

今でも訪問できる場所ばかりなので、ロサンゼルスの「ウォルトゆかりの地巡り」はいかがだろうか。叔父ロバートの家に隣接するガレージは、取り壊される予定だったところをフレンズ・オブ・ディズニーという団体が救済した。移設先は見つからなかったものの、ガーデン・グローブ歴史協会の協力によりスタンレー・ランチ・ミュージアム&ヒストリカル・ビレッジの中に再建され、保存されることとなった。

右：ディズニー・ブラザーズ・カートゥーン・スタジオは1923年10月16日に設立された。ウォルト（右）はここでアブ・アイワークス（左）、ローリン・"ハム"・ハミルトン（中央）といったディズニー・レジェンドのアーティストたちと仕事をした。

p.158-159：しばらくはロサンゼルスで活動していたウォルト（写真）とロイだが、やがてカリフォルニア州バーバンクに拠点を移す。ウォルト・ディズニー・スタジオは今もその地にある。

　ハイペリオン通りのスタジオは取り壊され、今はゲルソンズというスーパーマーケットが建っている。それでも歴史好きな人であれば、その地（2701 Hyperion Avenue）を訪れ、ディズニー・アニメーションの最初の全盛期に思いを馳せられるだろう。

　ウォルト・ディズニー・スタジオは、今もバーバンクの数ブロックを占めている。魔法が生まれる現場を見たければ、ディズニー公式ファンクラブ「D23」に加入し、ツアー（p.76参照）に参加しよう。

　ハリウッドには、スタジオ以外にもウォルトの若き日を探訪できる場所がある。なかでもロサンゼルスで最初に住んだ家は必見だ。叔父ロバートのクラフツマン様式の住宅は歴史的建造物に指定され、ロサンゼルス保護機構が管理している。見学ツアーはないが、通りから当時のままの美しい姿を見ることができる。この1914年の名建築の所在地は、4406 Kingswell Avenue。

ウォルトからのメッセージ

「カートゥーンの芸術面における発展を、私はとても誇りに思っている。ほんの何年か前まで不可能と思われていたような感情表現を、今のキャラクターはできるようになった。また、今日の作品の動きには、本物の人間では成し得ないほどの優雅さが感じられる」

ディズニー・ブリザード・ビーチ・ウォーター・パークで

覚悟を決めて
飛び込もう

究極のウォーターライド［サミット・プラメット］

ほぼ垂直に落下する［サミット・プラメット］は、筋金入りの怖いもの好きのためにある。ディズニー・ブリザード・ビーチで一番過激なアトラクションと言えよう。いや、ウォルト・ディズニー・ワールド・リゾートで一番かもしれない。

スキーのジャンプ台に似せたウォータースライダーは、マウント・ラッシュモアならぬマウント・ガッシュモア（ガッシュは「勢いよく飛び出す」の意）の頂上にある（ディズニーはだじゃれが好きだ）。フリーフォール型のボディスライダーとして世界屈指の速度を誇るが、それだけでは迫力（または恐怖）不足だとでもいうのか、全長が110メートルもある。スライダーの上端でキャストに急降下の準備をしてもらうときも、あまりにも急勾配なため、これから向かう先が見えない。暗いトンネルを抜けて一直線に滑り落ち、心臓をバクバクさせながら着水するのだ。

そこまでの度胸はないが、それなりのスリルを味わいたいという人には、［スラッシュ・ガッシャー］がおすすめだ。雪の土手の間を滑り降りる高速スライダーで、雪解け水の奔流に似せてある。目玉は27メートル降下する間にある2つの起伏だ。

山というテーマを楽しむという意味では、マウント・ガッシュモアの頂上にチェアリフトで行く手もある。自分の足で登頂したいなら、階段を使うといい。

これでもまだ無理という人は、別のスライダー、例えば対戦型ウォータースライダーの［ダウンヒル・ダブルディッパー］に挑戦しよう。スターティングゲートが開いたら、チューブ内を一気に15メートル滑り降り、横に並んだチューブと速さを競う。

ファミリー向けには［チームボート・スプリングス］も要チェックだ。ミッキーの笛を合図に、いかだで急流を下ろう。

ディズニー・ブリザード・ビーチの［サミット・プラメット］は、フリーフォール型ウォータースライダーとしては世界第3位の高さを誇り、110メートルを滑降する。

ディズニー・ベロビーチ・リゾートで

自然の驚異を
目撃しよう

ウミガメのナイト・ウォークと保護活動

夏のフロリダの海岸では毎年、絶滅の危機にあるウミガメが何万匹と大西洋から上がってきて、産卵する。ウミガメのママは後肢を使って深さ数十センチほどの穴を掘り、卵を産み落としたら砂で覆って、海へ帰っていく。この大昔から続く自然界の驚異を目撃するためには、念入りな計画が必要だ。いっそ全面的にディズニーに頼ってはどうだろう。

ベロビーチ・リゾートのディズニー・バケーション・クラブから海岸沿いに少し行ったところに、3種のウミガメが産卵するアーチー・カー国立野生動物保護区がある。ディズニー・コンサベーション・チーム・ワイルドライフの推計によれば、2003年以来、ホテル近くの海岸で孵化したウミガメは140万匹近くにのぼる。

現地で実施されている科学的な取り組みに参加するには、いくつか方法がある。ディズニー・ベロビーチ・リゾートに宿泊すれば、ウミガメの産卵期（4〜10月）には毎朝、前夜の産卵状況を調査するチーム・ワイルドライフに同行できる。産みたての卵が発見できることもある。あるいは、孵化した直後の巣も見られるかもしれない。産卵期には週替わりでウミガメ保護イベントが開催されているので、ウミガメの頭骨の模型、実物大の赤ちゃんの模型などを見学するのも楽しい。

もっと特別な体験がしたかったら、7月の最後の土曜日が狙い目だ。チーム・ワイルドライフは毎年その日にウミガメ保護団体と協力して、「ツール・ド・タートルズ」というイベントを実施している。いわばウミガメの移住マラソンで、メス2匹に発信機をつけ、

映画のワンシーンより

「にいちゃん、かなりの命知らずだな……やる〜ぅ!」
──ウミガメのクラッシュのせりふ。『ファインディング・ニモ』（2003年）より

右：ディズニー・コンサベーション・チーム・ワイルドライフのウミガメ専門家の力を借りて、フロリダのトレジャー・コーストで産卵するウミガメを探そう。

p.164-165：ベロビーチのウミガメを保護するディズニー・コンサベーション・チーム・ワイルドライフは、ウミガメの巣を守る活動を行っている。見学者は遠くからの観察を許される。

ビーチからエサ場へと向かう動きを人工衛星で追跡する。浜辺を離れて海へ入っていくウミガメのママたちを見守ろう。

　昼間の冒険がお望みなら、チーム・ワイルドライフと一緒にフロリダのトレジャー・コーストで活動してはどうだろう。アカウミガメ、アオウミガメ、オサガメという3種類の絶滅危惧種の世話をする活動だ。卵が産み落とされたばかりの巣や、時期によっては砂浜をはって海へと向かう子ガメが見られるかもしれない。ちなみに、『ファインディング・ニモ』に登場するクラッシュは熱帯の海を好むアオウミガメである。

　「タートル・トラック」という教育プログラムに参加するのもいいだろう。ウミガメの生態や保護活動を子どもたちに教えてくれる。

第二の我が家

エプコットのシー・ウィズ・ニモ＆フレンズは、エンターテインメントと教育とインスピレーションを提供する施設だ。ボートと衝突したり病気になったり、釣り糸などに絡まったりして傷ついたフロリダのウミガメのためのリハビリ施設も兼ねている。ディズニーの動物・科学・環境（ASE）部門はこれまでに300匹以上の命を救った。元気になったウミガメは、再び海に帰される。移動を追跡し、保全には何が必要か深く理解するために、送信機をつけることもある。

さまざまなパークで

すべての山を征服しよう

ディズニー・パーク中のマウンテンに乗る挑戦

ディズニーのパークで「I am just here for the mountains（山々のためにここにいる）」と書かれたTシャツを着たゲストを見たことがないだろうか。世界中のディズニーの山を制覇するという非公式な挑戦が行われているらしい。いくつかの山を紹介しよう。

スペース・マウンテンはウォルト・ディズニー・ワールドで1975年、ディズニーランドで1977年にオープンした。ウォルトの死からかなりの年月が経っていたが、ディズニー・レジェンドのイマジニア、ジョン・ヘンチによれば、ウォルトは早くも1964年にスペース・マウンテンを考案していたという。「ウォルトはローラーコースター型ライドで暗闇を走るアトラクションをつくりたがっていたよ。まだ誰もつくったことがないようなものを……」。その願いは、彼の死後に実現した。このコースターは出発後レールが見えないため、降下や急旋回のタイミングを予測できない。宇宙空間をイメージした演出や流星がスリルとスピード感を増長する。高さ55メートル、直径90メートル以上の山々はどれも似通っているが、それぞれに特別な工夫があり、特にディズニーランド・パリのスペース・マウンテンは際立ってユニークだ。

ビッグサンダー・マウンテンは1979年、ディズニーランドで初お目見えした。ディズニー・レジェンドのイマジニア、トニー・バクスターが、ユタ州ブライスキャニオン国立公園の風景をヒントにつくったものだ。続いてウォルト・ディズニー・ワールド（1980年）、東京ディズニーランド（1987年）、ディズニーランド・パリ（1992年）に導入された。この3つはアリゾナ州のモニュメント・バレーに似ている。ディズニーのローラーコースター型アトラクションとしては地味な部類に入るが、旧西部の雰囲気や物語が見事に

右：ディズニーランドの［ビッグサンダー・マウンテン］の鉱山では、たびたび奇怪な事件が起きたという言い伝えがある。口にダイナマイトをくわえたヤギや、巨大な恐竜の骨に目を光らせよう。

p.168-169：［エクスペディション・エベレスト］のレールは、隠れミッキーの一部になっている（p.137参照）。

表現されている。列車に乗ると、まず暗いトンネルを登り、洞窟、砂岩の渓谷、廃鉱の坑道などを走り抜ける。ディズニー・パークの歴史に興味がある人は、ディズニーランド・ホテルのフロンティア・タワーを訪れるべきだ。バクスターが製作したビッグサンダーの模型が飾られている。

七人のこびとのマイントレインは長編アニメ『白雪姫』（1937年）をベースとしたアトラクションで、家族全員で楽しめる。エンターテインメント性の高いQラインも、ウォルトがもたらした革新の1つだ。トロッコへの搭乗を待つ間、口笛を吹いていてもいいが、ぜひ魔法の宝石、光る石、ドックの書いたメモなどを探してみよう。いざトロッコに乗り込んだら、ガタゴト揺れながら歴史ある山の中へ入っていく。7人の小人が輝くダイヤモンドを掘る鉱山を駆け抜け、白雪姫の小屋の横を通る。ハイ・ホー、ハイ・ホー、このアトラクションへ行こう！

スプラッシュ・マウンテンは1989年、ディズニー・パーク初の急流滑りとしてディズニーランドでデビューした。1992年にウォルト・ディズニー・ワールドと東京ディズニーランドにも登場したが、いずれもずぶ濡れ確実だ。「スプラッシュ（水が飛び散る）」というレベルではない。

エクスペディション・エベレストは2006年にウォルト・ディズニー・ワールドで誕生した。標高61メートル弱だが、フロリダでは（自然の山も人工の山も含め）かなり高い部類に入る。ヒマラヤで何千年と語り継がれてきた雪男イエティの伝説が、このアトラクションの下敷きとなっている。ゲストを乗せた列車はまず"地球のてっぺん"へと急な傾斜を登っていく。その先の線路が引きちぎられたように途切れているのが視界に入り、トロッコが止まったと思ったら、今度は背後の暗がりに向かって逆走する。そこで目にするのは、身長6メートル以上もある伝説の雪男だ。

ウォルト・ディズニー・ワールド・リゾートで

7つの海へ漕ぎ出そう

ボートや釣り船のアドベンチャー

ウォルト・ディズニー・ワールドは水に囲まれたパークだ。ディズニー直営ホテルのほとんどにマリーナがあり、さまざまな冒険が用意されている。

多くのマリーナが、楽しいガイド付きのキャッチ&リリース・ツアーを実施している。バス釣りの場合は2時間または4時間のコースとなる。道具込みで、経験は不要。腕試しをしたい人のためには、トーナメント仕様のナイトロのバス釣りボートがある。3名まで乗船可能だ。

ディズニー・ヨットクラブ・リゾート、コンテンポラリー・リゾート、ポリネシアン・ビレッジ・リゾート、グランド・フロリディアン・リゾート&スパ、フォート・ウィルダネス・リゾート&キャンプグラウンド、ウィルダネス・ロッジでは、マリーナから毎晩、花火見物用のチャーター船が出港している。船長が操縦する全長7.6メートルの船は、最大10人まで乗船できる。軽食とソフトドリンクを楽しみながら、シンデレラ城の上空を彩る壮大な花火を眺めよう。

自分で操縦したい人はマリーナでモーターボートを借りるといい。サン・トラッカー・ポンツーンは最大10名まで乗船可能だ。美しい湖、ラグーン、入り江を自分のペースで遊覧できる。ランチやディナーは、近くのテーマパークやホテルのドックに立ち寄ればいい。どのように過ごすかは、すべて自分と仲間で決められる。操縦できるのは18歳以上で、有効な運転免許証、または州発行のID、米軍IDの提示が必要だ。

モーターより人力の乗り物のほうが好きで、かつ、ウォルト・ディズニー・ワールド・スワン・アンド・ドルフィンに宿泊している場合は、スワンボートを予約しよう。その名のとおり白鳥の形をした奇妙な白い舟だ。自転車のようにペダルをこげば、自分のペースでクレセント・レイクの湖面を進んでいける。親に頼らず自分で行き先を決められるとあって、子どもたちも夢中になるだろう。年齢を問わず楽しめる乗り物だ。

セブン・シーズ・ラグーンを船で渡ろう。マジックキングダムから水上タクシーとフェリーが出ている。

ディズニー・アニマルキングダムで

偉大なる
サファリの王に
会いに行こう

サイ、ゾウ、カバが間近で見られる動物の王国

19 98年にオープンしたテーマパーク、ディズニー・アニマルキングダムは、動物と自然の保護と真剣に取り組んでいる。そして、ゲストを楽しませるのと同じくらい、教育にも力を入れている。敷地面積は200ヘクタールと、ディズニーのテーマパークで最大を誇る。それだけの広さがないと、アフリカやアジアはじめ世界中から集まった動物たちが自由に動き回れないためだ。野生動物を間近で見られるアニマルキングダムならではのツアーをいくつか紹介しよう。

ワイルド・アフリカ・トレックは、アフリカの動物たちの故郷を模した未開の地、サフィ・リバー・バレーを訪れる3時間のツアーだ。小道やつり橋（ハーネス着用）を徒歩で進み、ごついサファリカーに乗ってワニ、サイ、カバといった広大なサバンナの動物を観察する。アフリカにちなんだ軽食として、カチュンバリ（ケニアのトマトと玉ねぎのサラダ）、日干しトマトのフムス、プロシュートとモッツァレラも用意されている。ツアー参加中は、今自分がしていること、見ているものに集中しよう。最高の瞬間にカメラやスマホを探す必要はない。同行しているプロのカメラマンが、魔法の瞬間をすべて写真に収めてくれる。

キリマンジャロ・サファリは毎日実施され、アニマルキングダムのゲストなら誰でも参加できる。屋根だけのオープンタイプの車に乗り、ハランベ野生動物保護区を回る

ソファでサファリ

パークまで行かずとも、動物たちとその世話をする専門家たちの貴重な舞台裏を知る方法がある。自宅のリビングからDisney＋で『ディズニー・アニマルキングダムの魔法』を視聴すればいいのだ。

右：「キリマンジャロ・サファリ」は34種類の動物が暮らすハランベ野生動物保護区を回る18分間のツアーだ。

p.174-175：「VIPワイルド・アフリカ・トレック」ではアフリカのエキゾチックな野生動物を間近で観察できる。

ガイド付きツアーだ。44ヘクタールの土地にサバンナ、湿地帯、森林帯が広がり、マンドリル、チーター、キリン、ライオン、ハイエナなど、自然そのままの環境で暮らす30種以上の動物たちがあなたを待っている。

アップ・クローズ・ウィズ・ライノウは、世界で2番目に大きな陸上動物、シロサイを観察できるバックステージツアーだ。飼育員チームが案内する60分のツアーで、ライノウ（サイ）やクラッシュ（ライノウの群れのこと）を間近で見るという希有な体験ができる。シロサイの世話をする方法や、その生態、行動様式なども学べる。動物たちの安全を守るため、カメラ撮影は禁止されている。参加資格は4歳以上だ。

ケアリング・フォー・ジャイアントは、アニマルキングダムで最大の動物、ゾウの群れを見にいくツアーだ。この堂々として賢い動物を24〜30メートルという至近距離で観察するチャンスを逃す手はない。動物の専門家がゾウの日常について解説してくれるし、「ゾウの臼歯は一生に5回も生え替わる」といった興味深い事実も教えてくれる。また、世界のほかの保護区についても知ることができる。ディズニーは、ゾウをそれぞれの故郷で保護する活動を支援している。ツアーの参加資格は4歳以上。

スターライト・サファリでは、夜のアフリカの禁猟区をドライブしているかのような気分に浸れる。太陽が沈む

ウォルトからのメッセージ

「私が動物界から学んだこと、動物界を研究する誰もが学ぶであろうこと。それは、地球および地球にすむすべての生物との間に改めて感じる親近感だ」

左：ディズニー・アニマルキングダムの[ワイルド・アフリカ・トレック]では、ゲストが動物界のビッグ5（ライオン、ヒョウ、ゾウ、サイ、バッファロー）に注目するかたわら、チーターも自由に歩き回っている。

上：[ゴリラ・フォールズ・エクスプロレーション・トレイル]では、鳥のさえずりが聞こえてくるほうへ向かおう。その先にアフリカの鳥たちのバード・ケージがある。

頃、サバンナは目を覚ます。見るべきものを見逃さないため暗視ゴーグルが配られるので、側面の開いたサファリカーの中からシマウマ、ガゼル、レイヨウ、ダチョウといったアフリカの動物を観察しよう。ディズニー・アニマルキングダム・ロッジが主催する1時間のナイトツアーだが、ウォルト・ディズニー・ワールドの8歳以上のゲストは誰でも参加できる。

　ディズニー・アニマルキングダム・ロッジ・アフター・ダーク――ナイト・ビジョンは世代を問わず人気がある。サファリツアーではないが、これも立派な冒険だ。キリン、ボンゴ、シマウマ、ヌー、インパラ、アフリカヘラサギ、そして、一時は絶滅が危惧されていた南アフリカ共和国の国鳥、ハゴロモヅルたちの夜の行動を、サバンナの外側から観察できる。暗視ゴーグルを通して見る動物たちは、緑色の世界で光り輝いている。ディズニー・アニマルキングダム・ロッジの宿泊客は無料で参加できる。

CHAPTER 3 旅

A WHOLE NEW WORLD

ホール・ニュー・ワールド

世界のバケーションとエクスカーション

ディズニーのプライベートアイランド、キャスタウェイ・ケイのディズニー・マジック波止場。上陸できるのはクルーズ参加者のみだ。

ディズニー・クルーズラインで

3つのツアーで
アラスカを知ろう

家族で行きたい米国最北端の旅

バンクーバーの港からアラスカへ向かうディズニー・ワンダー号でしか体験できないオプショナルツアーが3つある。それだけでも、この7泊のクルーズに申し込む価値があるはずだ。

ライアーズビル・ゴールドラッシュ・トレイル・キャンプ&サーモン・ベイク、ディズニー・キャラクターとのふれあい付き：寄港地はスキャグウェイだが、目的地はライアーズビルだ。この「嘘つきの村」を意味する町の名は、クロンダイク・ゴールドラッシュの折、取材に派遣されたジャーナリストが適当な（ハーフ・ベイクド）話をでっち上げたことに由来する。そこからサーモン・ベイク――このツアーの目玉であるアラスカ産の天然サーモン食べ放題ビュッフェへとつながるのだが、そのためには空腹でなければならない。というわけで、まずはヒッポドロームで人形や踊り子、サワードウ（酵母のパン種ではなく、アラスカで冬を越す探鉱者のこと）のパフォーマンスを楽しもう。それから、砂金を選り分ける道具をスカベンジャーハント形式で手に入れよう。必ずや金塊を獲得できる。

おなじみのキャラクターたちも加わり、ディズニーならではの冒険ができるかもしれない。

ディズニー限定グレイシャー・ドッグ・マッシャー1日体験：ジュノーの氷原では、犬ぞりの手綱を握り「ハイク！」と声を上げる一生に一度のチャンスが待っている。アイディタロッド（3月上旬にアンカレッジ～ノーム間を走る犬ぞり長距離レース）の選手になったような気分を味わえるだろう。だが、手綱を握る前にチームのクルーと犬たちに挨拶しよう。キャンプ地を訪ね、居住区、調理場、犬小屋、動物病院を見て回ること。そ

ファインダーのこちら側

ウォルトのネイチャー映画第1号の舞台はアラスカだった。彼はアルとエルマ・ミロッテを雇い、ドキュメンタリーを撮影させた。狙いは、現実世界では不可能な体験を届けることだった。最初のフィルムを見たウォルトはひと言、「もっとアザラシを」と言ったという。そして短編映画シリーズ『トゥルーライフ・アドベンチャーズ』の第1弾として『あざらしの島』（1948年）が完成し、アカデミー賞を獲得した。

右：ディズニーのキャラクターがサプライズで参加するかもしれない。
p.182-183：ジュノーの岸辺からアラスカの海へ漕ぎ出そう。

りを引いてくれる犬にたっぷり食べさせ、ブラッシングし、健康状態を確認するのだ。準備が整ったら、いよいよ雪をかぶったノリス・グレイシャーを横切る"レース"に出発だ。

アラスカ・ファミリー・ファンとディズニー限定のランバージャック・ショー：アラスカにはさまざまな伝統がある。その一部をこの日帰りツアーでのぞくことができる。まずサックスマン・ネイティブ・ビレッジで、トーテムポールのコンセプトづくりから完成までの工程を知り、その意味と神秘性をかみしめよう。次に、ケチカン最大のトーテムポール・コレクションを見学する。サウスイースト・アラスカ・ディスカバリー・センターを訪れ、そこから少し歩いて「グレート・アラスカン・ランバージャック・ショー」で南東アラスカの伐採の歴史を一望する。丸太転がしから木登りまで、世界チャンピオンによる模範演技はどれも力強く、敏しょうで、スリル満点だ。もちろん、斧投げも見られる。ディズニーでしか体験できないこのショーには子ども向けの演目もあるので、家族全員で楽しめる。アラスカの木こりといえばチェックのシャツだが、着用はご随意で。

ウォルトからのメッセージ

1947年、ウォルトは下の娘シャロン（当時10歳）を連れ、3週間のアラスカ旅行に出た。これが父娘の絆を深める素晴らしい冒険となった。キャンドルへの着陸に危険を伴うなど、大部分が厳しい旅だったが、2人は大いに楽しんだ。アラスカの息をのむような絶景も、かわいらしいアザラシも生で見ることができた。その翌年に公開された映画が『あざらしの島』である。

ナショナル ジオグラフィック・エクスペディションで

大型類人猿を支援しよう

ウガンダとルワンダでゴリラに会う旅

野生のチンパンジーとマウンテンゴリラに会える、またとないチャンスだ。ナショナル ジオグラフィックのエキスパートが同行するウガンダとルワンダの旅へ出かけよう。

「グレート・エイプス・オブ・ウガンダ・アンド・ルワンダ」というエクスペディション（探検旅行）は、ウガンダのンガムバ島にあるチンパンジー保護区を訪れる。保護されたチンパンジーや親を失った子のために、ジェーン・グドール・インスティテュートと共同で設けた場所だ。グドールは世界的に名の知れた人類学者、人道主義者で、チンパンジーを絶滅から救う活動を推進している。1900年にはおよそ100万頭いたとされるチンパンジーが、今では34万頭に満たない。

飛行機でエンテベからカセセへ移動し、キバレ国立公園に向かう。キバレ・チンパンジー・プロジェクトが実施する保護活動について、ナショナル ジオグラフィックの支援を受けるフィールド・ディレクター、エミリー・オタリの説明を受けたら、ビゴディ湿地保護区に入り、レッドモンキー、ブルーモンキー、白黒のオナガザル、希少種のロエストモンキーなどを探す。次の2日間は、1954年にエリザベス女王が訪問したクイーン・エリザベス国立公園で過ごす。ここはウガンダで一番人気のサバンナ公園で、生息する大型哺乳類の種類の豊富さでも随一だ。鳥類も600種を超え、バードウォッチャーにとっては楽園のような場所である。ゾウ、ライオン、ウガンダコーブなどが見られるサファリツアーは、午後の野生動物クルーズの前に参加するといい。

次に訪れるのは、ブウィンディ・インペネトレイブル国立公園だ。圧倒されるほど美しいこの地は、1999年のディズニー映画『ターザン』のモチーフになった。世界に現

ジーノに会いに行こう

ディズニーのアニマルキングダムにはゴリラがたくさんいる。とりわけ目を引くのがリーダーで最年長のジーノだ。2021年に41歳になった。遊び好きで、周囲の人間や動物とふれあう姿がよく見られる。人間の子どもたちとガラス越しに交流し、注目を浴びては喜んでいる。「ゴリラ・フォールズ・エクスプロレーション・トレイル」に参加し、ジーノに会いに行こう。

右：ルワンダの森で野生のマウンテンゴリラを観察しよう。

p.186-187：森林や湿地をトレッキングして、霊長類その他の野生動物を探そう。

存するマウンテンゴリラの約半数がここに生息しているという。森に足を踏み入れ、絶滅の危機にひんしているこの賢い動物と同じ空気を（ただし遠くから）味わおう。

　ルワンダの堂々たる火山を見渡せるプライベート・ヴィラでは、さらなる冒険が待っている。ダイアン・フォッシー・ゴリラ基金のカリソケ研究センターで、専門家の話を聞こう。『霧のなかのゴリラ──マウンテンゴリラとの13年』の著者、フォッシーは、個々のゴリラを識別できない限り行動の研究はできないことに気づき、自分の存在に慣れてもらう必要があると考えた。火山国立公園のトレッキングでは、彼女が18年にわたり研究してきたゴリラの家族群を見ることができる。

　火山国立公園では、ナショナル ジオグラフィックの支援を受けた野生動物学者、デオグラティアス・トゥイシンギゼが案内するツアーに参加できる。絶滅危惧種のゴールデンモンキーを探しに行こう。独特の顔つきと黄色い背中が目印だ。

　ツアー参加の条件は、健康で、何時間にも及ぶ歩行、時には起伏のある土地の徒歩移動が可能であること。霊長類を追跡するときは、標高が3000メートルに達する深い森の中を8時間にわたってトレッキングすることになる。

力を合わせて

ディズニーの世界一流の動物保護専門家たちが信頼関係を築いてきたからこそ、ジーノは緊張を解き、歯を磨かせてくれるし、心臓の超音波検査も受けてくれる（心臓病はゴリラの主たる死因の1つだ）。また、気立てのいいジーノが訓練に協力してくれるおかげで、人間の管理下にある世界中のゴリラのためになる重要技術が開発できる。

アドベンチャー・バイ・ディズニーで

ナイル川へ繰り出そう

ディズニーならではのエジプト逃避行

悠久の王国、エジプト。10日間をかけて、このいにしえの国を探検しよう。まずは、古さと新しさが同居する首都カイロへ。誉れ高いエジプト博物館へのプライベートツアーが日程に組み込まれている。エジプト学者（旅行中ずっとガイドとして同行する）とともに、ツタンカーメン王のコレクションなど7000年も昔の宝を鑑賞できる。ジュニア・アドベンチャラーズは、自分たちのツタンカーメン王アクティビティーで忙しくなりそうだ。

昼食はアル・アズハル公園で取ろう。この公園は、交差する水路、沈床園、大胆なイスラム式幾何学的デザインで知られる憩いの場所で、プロジェクト・フォー・パブリック・スペース（公共空間の設計や活用支援を行う非営利団体）により「世界の公共空間60」に選ばれている。オールド・カイロへのツアーでは、ユネスコ世界遺産に登録されたサラディン要塞やムハンマド・アリ・モスクを訪れる。

古代の七不思議の1つ、ギザの大ピラミッドでは、VIPだけが許されるギザの大スフィンクス見学を楽しもう。この半分人間、半分ライオンの姿をした伝説の生き物は、巨大な石灰岩から削り出された世界最大級の彫刻である。心ゆくまでスフィンクスを眺めることは、通常、海外からの要人しかできない貴重な経験だ。

エジプトの伝統料理のディナーを堪能したあとは、14世紀から続く市場、スークへ繰り出そう。この市場はオールド・カイロの名所で、中世イスラムの典型的な建築物を見ることができる。

さあ、ナイル川が呼んでいる。世界屈指の水路を行く3日間のクルーズに繰り出そう。途中で下船し、フィラエのイシス神殿なども訪れる。この神殿には、豊穣の女神として

右：スフィンクスを見学し、古代エジプトの悠久たる歴史に触れよう。

p.190-191：ファミリー向けのガイド付きツアーでは、ピラミッドやカルナック神殿群といった古代エジプトの宝を訪問する。

知られるイシスが祭られている。また、世界最大の古代宗教遺跡、カルナック神殿群を散策してもいい。通りに並ぶスフィンクスや、高さ30メートルのオベリスクを見物できる。営業時間外のルクソール神殿を訪れるプライベートツアーでは、複数のエジプト王の戴冠式が行われたという場所を独占できる。

次にシャルム・エル・シェイクへ飛行機で移動する。紅海の岸辺に立つホテル、コーラル・シー・センサトリから、ラス・ムハンマド国立公園が見渡せる。翌朝はプライベートヨットでシナイ半島南端へ行き、サンゴ礁でのシュノーケリングを体験しよう。それからプライベートビーチで中東の砂漠の遊牧民、ベドウィンの夕食を堪能するのだ。

最後はカイロに戻り、冒険をともにした仲間とのお別れ夕食会でエジプトの旅は幕を下ろす。

パスポート不要の海外旅行

エジプトまで行くのが難しい人のためには、大ピラミッドが登場するアトラクション[ソアリン・アラウンド・ザ・ワールド]がある。ドーム型の180度IMAXシアターで体験できるアトラクションで、エプコット、カリフォルニア・アドベンチャー・パーク、上海ディズニーランドにある。スーツケースに荷物を詰めずとも、フライトシミュレーターによって、古代七不思議のなかでも最古の遺跡の上を滑空し、その荘厳な姿を鑑賞することができる。

ウォルトゆかりの地

ウォルト・ディズニーの生誕地

ウォルト・ディズニーは1901年、シカゴの質素な家の2階で生まれた。1893年に完成したこの家は、彼の両親、フローラとイライアスが建てたものだ。フローラはその設計について「家の設計ができたのは不思議でも何でもありません。どういう家にすれば住みやすいか、女性なら知っていて当然です」と語っている。イライアスはユニオン・パシフィック社で大工仕事の腕を磨き、妻の考えた仕様どおり5.5×8.5mの木造住宅を建てた。外壁は白く、縁を青く塗った。

イライアスはその後、ほかの住宅の建築も手がけている。さらに、家族で所属していた信徒団のため無償で教会を建てた。親しかったウォルター・パー牧師の休暇中、代理としてセント・ポール会衆派教会で説教をすることもあったという。実はウォルトの名も、この友情に由来する。2人の妻が同時に妊娠し、男の子が生まれたら互いの名前をつけようと約束していたのだ。そしてウォルター・イライアス・ディズニーが1901年12月5日に生まれ、イライアス・パーもあとに続いた。

ウォルトには3人の兄がいる。ハーバート、レイモンド、そして、生涯のビジネスパートナーとなったロイだ。1903年には妹ルースが家族に加わった。ディズニー家の7人全員が最も長く住んだのが、ルースの誕生から1906年までを過ごしたシカゴの家だった。

子どもが5人もいて、しかも近隣の治安が悪くなってきたため、イライアスは妻に都会を離れる必要があると伝えた。幼い子どもたちを健全に育てるには、田舎が一番だと考えたのである。コロラドかアラバマかと検討した結果、イライアスはミズーリ州マー

右：ウォルトが4歳、ロイが12歳のとき、ディズニー家はシカゴの質素な家から引っ越した。

p.194-195：幼き日のウォルター・イライアス・ディズニー。1901年12月5日に誕生した。

192　CHAPTER 3　ホール・ニュー・ワールド　旅

　セリーンの農場を購入した（p.84参照）。それから5年も経たない1911年、今度はカンザスシティへ引っ越し、そこでウォルトはボードビル（歌、踊り、パントマイムなどを交えたショー）と映画というものを知り、夢中になった。

　カンザスシティでは毎朝3時半に起き、父の販売店を手伝って新聞配達をした。この時代へのオマージュが、ディズニー・カリフォルニア・アドベンチャー・パークに巧妙に隠されている。ストーリーテラー像をよく見てみよう。ウォルトの後ろポケットに、畳んだカンザスシティ紙が入っているはずだ。靴底には「マーセリーン」と刻まれている。

　1917年、一家はシカゴに戻り、ウォルトはマッキンリー高校に入学する。スケッチと写真に没頭し、学内誌『ザ・ボイス』のイラストを担当した。夕方からはアカデミー・オブ・ファインアーツに通った。

　シカゴのダウンタウンのすぐ近く、トリップ・アベニューとパーマー・ストリートの角にあったウォルトの最初の家は、その後、何度も所有者が変わり、改装と改修で大きく姿を変えてきた。だが、現在は忠実に復元され、インタラクティブな博物館として再生される日を待っている。このプロジェクトの創始者は、将来のビジョンを次のように語っている。「ウォルトの生家が幼児教育の新たなアプローチの入り口となり、未来のウォルトやロイにインスピレーションをもたらす助けとなることが、私たちの夢です」

アドベンチャー・バイ・ディズニーで

ウォルトの愛した ヨーロッパへ行こう

セーヌ川クルーズとライン川クルーズ

セーヌ川クルーズの発着地となるパリは、ウォルトのお気に入りの都市だ。ただし、初めてのパリ訪問はバケーションのためではなかった。第一次世界大戦後、16歳で（年齢を偽り）赤十字救援隊に入隊し、運転手としての任務で訪れたのである。セーヌ川クルーズでは、ウォルトが1918年12月4日、17歳になる前日に降り立った港町ル・アーブルに立ち寄り、若き日のウォルトに思いを馳せる。8日間の旅程には、ノルマンディーと、Dデー（連合軍によるノルマンディー上陸作戦）の侵攻地点の1つだったオマハ・ビーチも含まれている。米陸軍レンジャー部隊が30メートルの断崖をよじ登り、敵と交戦したオック岬に立ってみよう。

　ディズニーの歴史が好きな人にはたまらない話がある。ウォルトのフランス系の祖先はノルマンディー海岸沿いの小さな村、イシニー・シュル・メールの出身だった。「イシニー出身」を意味するd'Isignyが英語化され、Disneyという姓になったのだ。

　このツアーには、絵のように美しい町、オンフルールまで足を延ばす小旅行も用意されている。ギュスターブ・クールベ、ウジェーヌ・ブーダン、クロード・モネといった画家たちの創作意欲をかき立てた場所だ。ルーアン散策では、バイキングやジャンヌ・ダルクに関する理解を深めよう。ジベルニーでは、モネが1883年から最期の時を迎える1926年まで暮らした家に立ち寄る。修復を経て、19世紀当時の美しいたたずまいが見事に再生されている。美術愛好家なら、モネの作品と、モネに影響を与えた作品の数々を展示する印象派美術館も楽しめるだろう。ナポレオン・ボナパルトと妻ジョゼフィーヌのマルメゾン城や、ポール・セザンヌ、カミーユ・ピサロ、ジャン＝バティス

間もなく出航です

アドベンチャー・バイ・ディズニーのリバー・クルーズは、外洋に出るクルーズとは異なるタイプの船を使用している。ヨーロッパの川を進むのに適した仕様になっており、〈シェフズテーブル〉レストランなどで、ぜいたくな雰囲気を味わうことができる。

右：セーヌ川クルーズが訪ねるノルマンディー地方の美しい街、ルーアン。

p.198-199：アドベンチャー・バイ・ディズニーのライン川クルーズではドイツ、コブレンツ近郊のシュトルツェンフェルス城など、数々の歴史的な城を見物（または訪問）できる。

196　CHAPTER 3　ホール・ニュー・ワールド　旅

ト゠カミーユ・コロー、フィンセント・ファン・ゴッホらが暮らし、創作に励んだ郊外も散策できる。

　パリに戻ったら"オ・ルボワール"と挨拶すること。フランス語で「また会う日まで」という意味だ。

　8日間のライン川クルーズは、スイスのバーゼルから出発する。スリルを求めるなら、トボガンぞりに乗るリアル［マッターホーン・ボブスレー］はいかがだろう。実際、ウォルトがこのアトラクションを思いついたのは、『山の上の第三の男』(1959年) の撮影でスイスを訪れたことがきっかけだった。ディズニーランドの山に穴がある理由を聞かれ、「スイスの山だからだよ」と答えたのは有名な話だ。

　あるいは、美しい高原とのどかな農場で知られる「黒い森 (シュワルツワルト)」のほうがお好みに合うだろうか。その美しい森林風景から着想を得たのが、『美女と野獣』(1991年) の野獣の城である。

　翌日訪れるストラスブールにも、ディズニーランドの原点がある。1439年に完成したノートルダム・ド・ストラスブール大聖堂にある天文時計だ。ウォルトは1935年にフランスを訪れ、1843年に製作されたという天文時計に引きつけられた。人形たちのとりこになり、スケッチするだけでは満足せず、塔に登って仕掛けを見ようと

ウォルトからのメッセージ

1961年8月、ウォルトは『パリよこんにちは！』(1962年) の撮影のためル・アーブルを再訪した。フランスで夢のバケーションを過ごしに来た一家が、思いがけない冒険に巻き込まれるコメディーだ。主演は、ウォルトのお気に入りの俳優で、友人でもあったフレッド・マクマレイ。彼はほかにディズニー・プロダクションの『うっかり博士の大発明　フラバァ』(1961年)、『フラバァ・デラックス』(1963年)、『最高にしあわせ』(1967年) でも主演を務めている。

さえした。そして、アイデアを持ち帰ったのである。［イッツ・ア・スモールワールド］の正面の時計に似たモチーフが見つかるはずだ。

　船がフランスを離れる前にワインの試飲を楽しみたい。ストラスブールの病院の地下にある歴史的ワイン貯蔵庫、キャーブ・イストリック・デゾスピスを見学しよう。

　ドイツでも素晴らしいツアーが多数用意されている。特におすすめなのはハイデルベルク城だ。1614年に建てられた居城で、ルネサンス期の重要建築物と見なされている。ライン渓谷のクルーズでは、30もの由緒ある城とユネスコ世界遺産を目にすることができる。

　最後の寄港地、アムステルダムでのハイライトは、オランダの芸術と歴史に特化したアムステルダム国立美術館、レンブラントが1639年から1656年まで暮らし創作していたレンブラント・ハウス美術館、そして、ゴッホの絵や書簡を1000以上所有するファン・ゴッホ美術館だ。運河クルーズでは800年の歴史を持つ街並みを鑑賞できる。

左：ドイツのハイデルベルク城見学ツアーは、貴族に扮したガイドが案内してくれる。
上：雄大なるライン川の見とれるばかりの絶景。

ディズニー・アニマルキングダムで

異世界に紛れ込もう

ようこそ「パンドラ：ザ・ワールド・オブ・アバター」へ

ナヴィ族の歓迎が、私たちをジェームズ・キャメロンの『アバター』（2009年）の世界へ誘（いざな）ってくれる。映画の世界に飛び込むと言っても、「パンドラ：ザ・ワールド・オブ・アバター」に入ることは、ディズニー・カリフォルニア・アドベンチャー・パークの「カーズランド」（p.63参照）に入るのとはわけが違う。言うなれば、ここは映画の延長線上にある世界なのだ。「パンドラ：ザ・ワールド・オブ・アバター」は地球から4.37光年離れた月に存在する。時は2009年の映画の1世代後だ。元イマジニアのジョー・ロードが語るとおり「すべてが起こった天体に入り、見覚えのある場所や、初めて見る場所を訪れ、自分だけの1日の冒険ができる」

パンドラでは、アルファ・ケンタウリ・エクスペディション社（ACE）に招かれるという、エコツーリストにとっては一生忘れがたい変革的体験ができる。ナヴィにとって自然がいかに大切か、彼らがどれだけ自然保護を重視しているかを知るチャンスだ。ヴァレー・オブ・モアラで宙に浮かぶ巨大な山々を見上げ、ナヴィのドラムサークルに触れよう。日中はインタラクティブな植物や滝、小川などに囲まれているが、夜になるとがらりと様子が変わり、発光する森となる。ナヴィの文化は目だけでなく、耳でも確かめてほしい。異世界の響きがするはずだ。そう、ここはナヴィの領域。姿は見えずとも、音で存在を感じることができる。

この世界では、生態系とその回復が何より優先される。ジョー・ロードは「映画を見た私たちは、巨大な採掘会社の無責任な採鉱によって、パンドラが負の影響を受けてきたことを知っています」と説明する。「（このパークに入れば）それが環境にどれほどの影響を与えたか、見てとれるはずです。水から完全に不純物を除去する水質浄化プロジェクトが進んでいますし、在来種を研究し、この地の生態を正常な分布に戻す

重力に逆らって

「パンドラ：ザ・ワールド・オブ・アバター」でとりわけ衝撃的な光景は、宙に浮かぶ山々だろう。この岩の島々は「ハレルヤ・マウンテン」と呼ばれ、ナヴィやバンシーたちが暮らしている。浮力は島の中や下部に含まれるアンオブタニウムの反発力から得ているのだが（科学的詳細を知りたい人はマイスナー効果について調べよう）、イマジニアは再現するために少々魔法を使ったらしい。

右：生物発光によって、宙に浮く山が光っている。

p.204-205：ジェームズ・キャメロンの『アバター』（2009年）を再現した国、パンドラへ入っていこう。

取り組みも行われています」

　同時に、ここがウォルト・ディズニー・ワールドだということも忘れてはならない。つまり、没入型のアトラクションとレストランも楽しめる。[ナヴィ・リバー・ジャーニー]で神秘的な川を下り、ナヴィのシャーマンに遭遇しよう。[アバター・フライト・オブ・パッセージ]はマウンテン・バンシーの背に乗り、パンドラの空を滑空するアトラクションだ。〈サトゥーリー・キャンティーン〉というレストランは旅行者を自宅のようにくつろがせる。未知なる月の世界に浸りつつ、おなじみの料理を楽しもう。材料は全粒の穀物、新鮮な野菜、食べごたえあるタンパク源など、パンドラの豊かなる自然の恵みである。探検の途中で軽い休憩を取りたいときは、〈ポング・ポング〉に寄るといい。ナヴィ語で「パーティー・パーティー」という意味で、この惑星に魅せられた移住者が経営しているという。

　「ゲストがパンドラの世界で触れる生物学、生態学、科学的情報は、現実世界をベースにしています。そうしておけば、パンドラを出たあと、地球でその情報を活用できますからね」。ジョーはそう結んだ。

目を凝らせ

ヘキサピード（ギリシャ語で6を意味するhexとラテン語で足を意味するpedisからの造語）は6本足のおとなしい生き物だ。ドラゴンとガゼルを掛け合わせたような姿で、色は青い。陸上の草食動物で、ナヴィの食料源となっている。狩られてしまうため、ヴァレー・オブ・モアラを歩いても遭遇できないだろうが、[ナヴィ・リバー・ジャーニー]でカプサバン川沿いに目を凝らしていれば見つかるかもしれない。

魔法がいっぱい

目の前で息づくパンドラ

アバター公式サイト（avatar.com）のExperiencesタブからダウンロードできる『The Guide to the Flora and Fauna of the Valley of Mo'ara（ヴァレー・オブ・モアラの動植物の手引き）』に、「アルファ・ケンタウリ・エクスペディション社と先住民族ナヴィの提携により、アバターの世界、パンドラへの訪問が可能となりました。地球と似てはいても、ユニークなところが多々ある世界です。どうぞ探索と発見をお楽しみください！」とある。この手引きに紹介されている動植物は30種以上。それらを探すことも立派な冒険だ。地球に戻っても、パンドラの動植物から受けたインスピレーションを持ち続けてほしい。自宅の裏庭の自然を大切にし、好きな野生動物や植物を守るために何ができるか考えよう。

A：「パンドラ：ザ・ワールド・オブ・アバター」で別世界に飛び込もう。B：リソース・デベロップメント・アドミニストレーション、略してRDA社（資源開発公社）は、パンドラで手当たり次第に採鉱していた。当時の採鉱用ロボットが店頭にある〈ポング・ポング〉では、異世界のドリンクを楽しめる。C：ナヴィの文化にどっぷり浸ろう。D：「パンドラ：ザ・ワールド・オブ・アバター」を訪問したら、カプサバン川を下り、色とりどりの生物発光を見物しよう。E：夢のような世界を進む神秘の川下り［ナヴィ・リバー・ジャーニー］では、この世のものならぬ光景に包まれる。F：フェイスペインティングで変身し、『アバター』（2009年）の世界の住人になりきろう。G：〈ポング・ポング〉はパンドラの自然の恵みを生かして、世界各国の料理やベジタリアン向け料理を提供している。H：パンドラの桁外れに大きな自然を前にすると、地球にいることを忘れてしまう。

ナショナル ジオグラフィック・エクスペディションで

ガラパゴス諸島へ
遠征しよう

専門家と行く野生動物の聖域

エクアドルのガラパゴス諸島は東太平洋に連なる諸島だ。今も野生生物がたくさん生息し、その多くが固有種——つまりこの土地にしか存在しない種だ。ガラパゴスゾウガメ、ウミイグアナ、ガラパゴスペンギン、ガラパゴスコバネウなどがいるが、何百万年も大陸と隔てられていたため、人間を恐れる本能を備えていない。まさに大自然の希少な聖域である。ダーウィンが探検して生物を観察し、進化論を唱えたことで有名になった。

科学者はこの唯一無二の生態系を180年以上も研究してきた。"ダーウィンの進化の実験室"という異名を取るガラパゴスの、何がそれほど特別なのか、私たちがこの目で確かめる番だ。そのためにナショナル ジオグラフィックがあなたをガラパゴスへ招待する。ただし、これは「エクスペディション」、すなわち調査遠征であり、昔ながらの意味合いでの「クルーズ」ではない。予期せぬ事態や機会、状況に対応できるよう、スケジュールは固定せず、柔軟に組まれている。

リンドブラッド社の船舶もまた、普通のクルーズ船とは仕様が異なる。コンパクトな船体に快適なキャビン、にぎやかな公共スペース、その土地の食材を使った郷土料理を提供する食堂を備え、魅力あふれる乗り物となっている。広々としたデッキは、展望を楽しむのはもちろん、気分転換にも最適だ。船上では、子どもを対象とした［ナショナル ジオグラフィック・グローバル・エクスプローラーズ・プログラム］が開催される。これはナショナル ジオグラフィック・エデュケーションと共同開発したインタラクティブ

右：ガラパゴスゾウガメの体重は最大で420キロ近くになる。

p.210-211：ナショナル ジオグラフィック・エンデバーⅡ号から、ガラパゴスの島々へ向かう。そこには生命力あふれる自然が待っている。

な体験型プログラムで、探検家としての態度、技術、知識を身につけられる。

　船はバルトラ島とサン・クリストバル島の間を抜け、サンタ・クルスなどの島々を訪れる。ゲストは毎日、地元の博物学者が同行する散策のほか、遊泳、シュノーケリング、さらには、カヤック、グラスボート、ゾディアック社製エンジン付きゴムボートでの探検を楽しめる。

　寄港地の1つバルトロメ島ではハイキングが計画されている。火山の頂上まで行くと、海から槍の先のように突き出すピナクル・ロックの美しい姿が見える。そのあとは、色彩豊かな熱帯魚と泳ぐなり、シュノーケリングするなり、自由だ。運が良ければガラパゴスペンギンにも会える。サンタ・クルス島では、チャールズ・ダーウィン研究所を訪問する。島の固有種であるゾウガメが複数種生息しているので、その野生の姿をカメラに収めたい。ガラパゴス諸島最大の島、イスラ・イサベラでは、世界でただ1種の飛べないウ科（ガラパゴスコバネウ）と、赤道付近に生息する唯一のペンギン種（ガラパゴスペンギン）を探そう。そして、クジラやイルカが集まる水域でシュノーケリングに挑戦し、1日を終えよう。

　フロレアーナ島では、フランボイアンス（ピンク色のフラミンゴは群れになると、こう呼ばれる）に会えるかもし

ディズニー豆知識

ガラパゴス諸島は世界でもとりわけ火山活動が活発な地域だ。記録に残っている最初の訪問者は1535年、パナマからペルーへの航海中に漂着したトマス・デ・ベルランガだった。驚くことにガラパゴスの陸地の97％は国立公園となっている。諸島の名前の由来となった巨大なゾウガメは、飲まず食わずで最長1年間生存できるという。

212　CHAPTER 3　ホール・ニュー・ワールド 旅

左：ガラパゴス諸島の水中世界。固有種の生物と健康なサンゴにあふれ、陸の上に負けないくらい壮麗な眺めだ。

上：この島々が育んだ生物はどれもたくましい。巨大なトカゲに至っては、人間を見ても逃げない。

れない。ウミイグアナの天国、プンタ・エスピノーサはフェルナンディーナ島にある。冷えて固まった溶岩流を横断しながら、ガラパゴスノスリや赤ちゃんアシカたちを探してみよう。イスラ・イサベラでガラパゴスコバネウに会えなかった人は、ここでリベンジできるかもしれない。最後に訪れる島、エスパニョーラは鳥の楽園だ。アカメカモメ、フッドマネシツグミ、カツオドリ、ガラパゴスアホウドリなど、さまざまな種が季節に応じて見られる。

　遠征の最後の1日は「太平洋の真珠」として知られる港町、グアヤキルで過ごす。400年の歴史を持つ近くの町、ラス・ペニャスの細くて起伏の多い道を散策し、サンタアナの丘で444段の階段を上がり、絶景のパノラマを視界に収めよう。

香港ディズニーランドで
ライオン・キングのミュージカルを見よう

　香港でも「ハクナ・マタタ（心配ないさ）」という言葉は通じる。「サークル・オブ・ライフ」が円形の舞台に生き生きと響き、観客はティモン、プンバァ、スカー、そしてライオン・キングのシンバとともにリズムを刻む。［フェスティバル・オブ・ザ・ライオン・キング］は、1998年にディズニー・アニマルキングダムのオープンと同時にスタートした。この華やかなミュージカルはたちまち人気を博し、すぐに香港ディズニーランドでも開演した。ショーの目玉は空中パフォーマンス、ファイヤーダンス、アクロバット、息をのむ特殊効果など。ライオン・キングに会える日が待ち遠しい。

ウォルト・ディズニー・ワールド・リゾートで

遠すぎない銀河へ出かけよう

[スター・ウォーズ：ギャラクティック・スタークルーザー]

デ ィズニーが創出した冒険のなかで、これほど没入感が得られるものはかつてなかった。2泊3日の旅行が"はるか彼方の銀河"へと連れていってくれる。スタークルーザー「ハルシオン」に乗り込んだ瞬間から、あなたの物語が始まる。自身の人物像を構築し、あらゆる意思決定をし、手を組む相手を選ぼう。レジスタンスに加わるのか、密輸業者と取り引きするのか、はたまたファースト・オーダー側につくのか、決めるのはあなた自身だ。

スタークルーザーには映画『スター・ウォーズ』シリーズでおなじみのキャラクターも乗船している。レイ、チューバッカといったレジスタンスの英雄たちや、ファースト・オーダーの悪役カイロ・レンに会えるはずだ。さらに、新しく冒険に加わったキャラクターもいる。リヨラ・キーバン船長、クルーズ・ディレクターのレンカ・モック、モックの献身的なアシスタントであるアストロメク・ドロイドSK-62O、そしてメカニックのサミーもいる。サミーは、ファースト・オーダーの威圧的なハーマン・クロイ中尉もこの船に乗っていると知り、探しているらしい。そちら側につくという選択肢もあるが、さあ、どうする？

ライトセーバーの訓練に参加し、いにしえから伝わる扱い方を習おう。ブリッジを探検し、ハルシオンの仕組みや操作をクルーから教わるといい。ちなみに、この実地訓練は今回の旅にきっと役に立つ。とはいえ、せっかくのバケーションなのだから、〈サブライト・ラウンジ〉のカクテルや、〈クラウン・オブ・コレリア・ダイニングルーム〉の食事を楽しむのもいい。何を選ぶにせよ、銀河の命運はあなたに託されている。

[スター・ウォーズ：ギャラクティック・スタークルーザー］は2泊3日の没入型体験ツアーだ。

216　CHAPTER 3　ホール・ニュー・ワールド 旅

ディズニー・クルーズラインで

バハマの
プライベートオアシスへ行こう

ディズニー専用の海岸で日光浴

昔はプライベートアイランドを訪れるなど夢のまた夢だったが、1998年、ディズニー・クルーズラインがすべてを変えた。キャスタウェイ・ケイは、ディズニー・クルーズラインのバハマコースとカリブコースに参加したゲストのための島だ。(「ケイ」という読みで通っているが、本来は「キー」という音)。一度に寄港できる船は1隻だけなので、混雑しないビーチで太陽の下のレジャーを楽しめる。

透き通るように青い海でシュノーケリングをしよう。初心者にはディスカバー・トレイル、経験者にはエクスプローラー・トレイルがおすすめだ。隠れミッキー(p.137参照)を見つけるため、水中眼鏡はいつも磨いておくこと。渦巻き型ウォータースライダーが2つある巨大な水上遊具、ペリカン・プランジまで泳いでいってもいい。水上で遊びたい人は、カヤック、パドルボート、水上三輪車、インナーチューブ、立ち漕ぎパドルボートなどを借りよう。陽射しに疲れたら「イン・ダ・シェイド・ゲーム・パビリオン」へ避難。卓球、ビリヤード、テーブルサッカー、バスケットボールの設備がある。大人の隠れ家〈セレニティ・ベイ〉で、潮風を感じながらカバナ・マッサージ(予約制)を受け、フローズン・カクテルで生き返ることもできる。ティーンのためのアジトもある。

滑走路は「キャスタウェイ・ケイ5K」のコースとなる。ランニングでもジョギングでも、競歩でもかまわない。美しい海岸沿いに走り、展望台を通過してゴールすれば、ここでしか手に入らないメダルが授与される。ぜひランディズニー(p.118参照)のメダル・コレクションに加えよう。

次のディズニー・アドベンチャーを求めて再び船に乗り込むあなたは、きっと何マイルもスマイルに包まれているはずだ。

キャスタウェイ・ケイの砂浜にはグーフィーやドナルドダックも来てくれる。

ディズニー・アニマルキングダムで

動物たちの
舞台裏を見学しよう

コンサベーション・ステーションと［ラフィキのプラネット・ウォッチ］

デ ィズニー・アニマルキングダムのアフリカエリアの奥に、『ライオン・キング』（1994年）に登場するヒヒの呪術師の名を掲げた［ラフィキのプラネット・ウォッチ］がある。多面的インタラクティブ教育を提供する必見アトラクションだ。入り口の上に "Open Your Eyes and See the World（目を開けて世界を見よう）" とあるが、世界を見る前に、まずは緑豊かな森を抜けてハランベ駅まで歩こう。ワイルドライフ・エクスプレス・トレインに乗り込んだら、いよいよディズニー・アニマルキングダムの舞台裏見学に出発だ。キリマンジャロ・サファリを眺めたり、サイの小屋や、ゾウが寝に戻ってくるテンボ・ハウスを裏から見たりしながら、列車は進む。

列車を降りたら、エデュケーション・キオスクを通って「コンサベーション・ステーション」へ向かう。この建物で学べることはとても多い。まずは、パーク内の動物たちが受けている専門的なケアだ。大きなガラス窓越しに治療室のすべてが見える。通常、始発列車の到着に合わせて処置を行っている。未来の獣医にとって、またとない機会である。近接するアニマル・ニュートリション・センターでは、パークに暮らす3000以上の哺乳類、鳥類、爬虫類、魚類のために、1000種類を超える特別食をつくっている。材料はレストランでゲストに提供しているのと同じ、高品質の果物や野菜だ。

コンサベーション・ステーションの「アニメーション・エクスペリエンス」は、動物の描写にこだわったウォルトに捧げるプログラムだ。ウォルトは常々アニメーターに対し、動物と一緒に過ごす時間をつくり、その姿形と独特の行動を学ぶよう助言していた。例えば、『バンビ』（1942年）を制作したときには、モデルとなるシカをスタジオに連れてこさせたという。この25分間のプログラムでは、おなじみのディズニー・キャラクタ

未来のために

「ディズニー・アニマルキングダムとディズニー・コンサベーション・ファンドの物語は、単に私たちが "語る" 物語ではありません。それは、私たちが "毎日を生きる" 物語なのです」。元イマジニア、ジョー・ロードの言葉だ。「私たちは、ある夢に向かって取り組んできました。その夢とは、奇跡のような無数の生物が繰り出す魔法（中略）、星々の間に浮かぶこの繊細で小さな場所を私たちと分かち合う生き物の魔法が、未来の子どもたちの森にも残っていることです」

右：［ラフィキのプラネット・ウォッチ］の獣医師はウォルト・ディズニー・ワールドの動物たちの治療をしている。

p.222-223：呪術のヒヒ、ラフィキが動物のあれこれを教えてくれる。

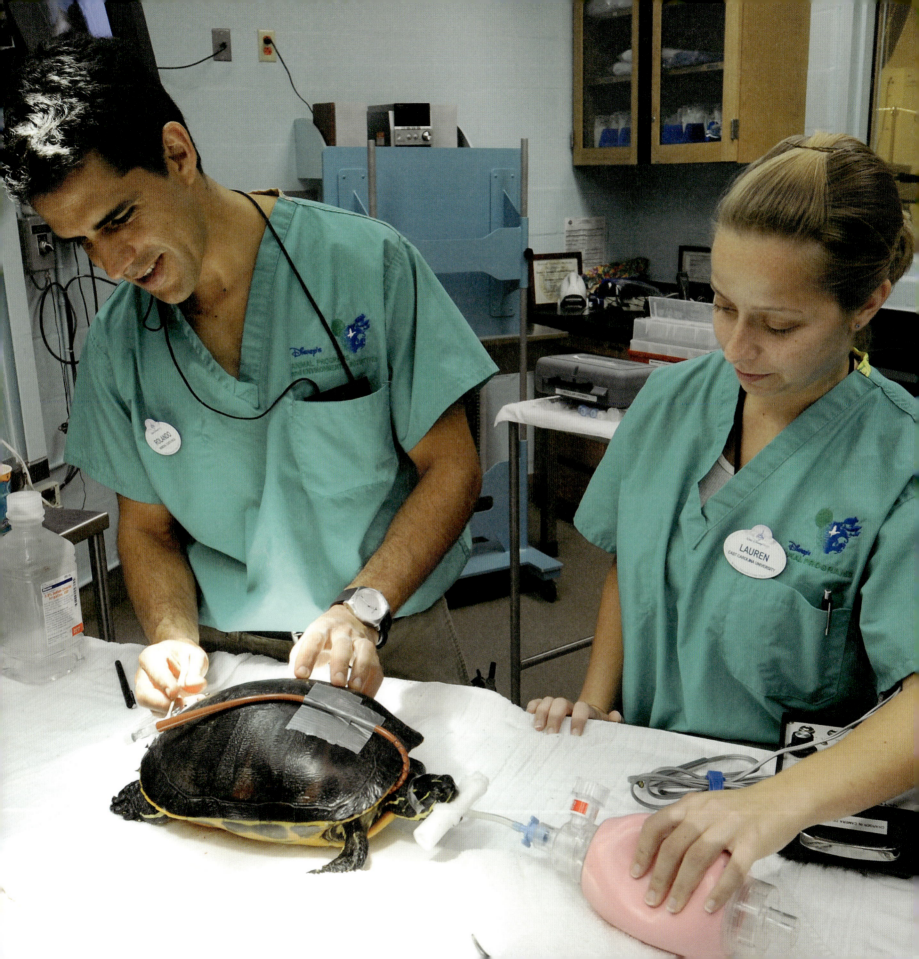

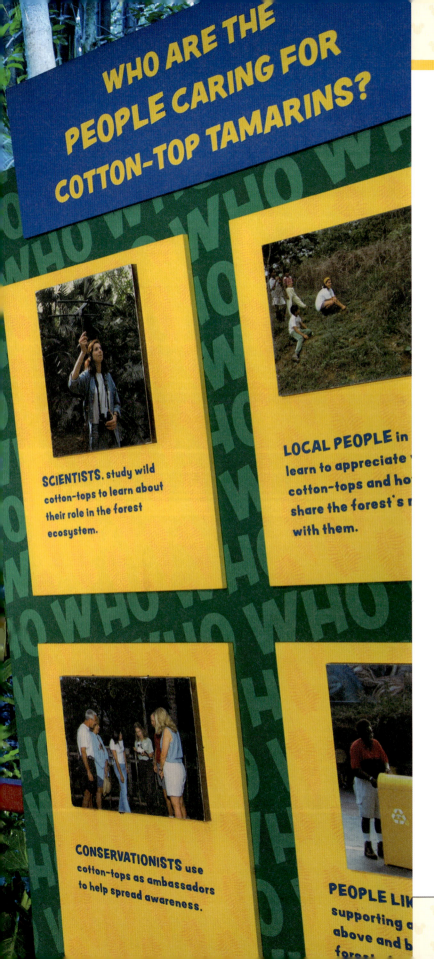

　ーの描き方を丁寧に教えてくれる。
　来場者の動物愛に応える施設としては、直接触れたり近づいたりできる「**アフェクション・セクション**」があり、飼い慣らされたヤギ、ヒツジ、ブタなどと屋外で交流できる。非常によく考えられた設計で、動物たちは青いロープの中だけが安全だと教え込まれているので、接触を望まない人も安心して参加できる。あらゆる年齢の人（と動物）に優しい施設だ。
　コンサベーション・ステーションを立ち去る前に、『ライオン・キング』でムファサがシンバに言った深い言葉を思い出してほしい。「命あるものはすべてが関わりを持ち、釣り合いを保っている。王はそのことをよく理解しなければならない。地面をはうアリから飛び跳ねるアンテロープまで、あらゆる動物に敬意を払うのだ」

ウォルトからのメッセージ

かつてウォルト・ディズニーはこう言った。「自然保護は、一部の人間だけが取り組めばよいものではない。私たち全員の問題だ。世界最古の法典に書かれた原則、自然界の法則なんだ。この広大な大陸の天然資源には限りがある。しかし、賢く使い、野生動物を保護し、湖や川を守れば、私たち人間を今後何世代も存続させてくれる」

魔法がいっぱい

白黒
はっきりさせよう

ウォルト・ディズニー・カンパニーはサイと、その生存・繁殖に欠かせない生息地の保全に熱意を持って取り組んでいる。1960〜95年の大規模な密漁により、クロサイは絶滅寸前まで追い込まれた。そして、現在はサイの角の需要によって、密漁が急増している。ウガンダのシロサイは1982年をもって絶滅してしまった。2006年、ディズニー・アニマルキングダムで生まれた2頭のシロサイがフロリダからアフリカに渡り、ウガンダ初の米国生まれのシロサイとなった。あなたにも何かできることはあるだろうか。決してサイの角を使った製品を買わないことだ。

A：ディズニー・コンサベーション・ファンドの支援を受け、ダイアン・フォッシー国際ゴリラ基金はコンゴ民主共和国に「ゴリラのリハビリテーションおよび保護教育センター（GRACE）」を開設した。B：アニマルキングダムのコンサベーション・ステーションでは、世界各地の動物保護運動が紹介されている。C：『ライオン・キング』のラフィキがコンサベーション・ステーションの活動を案内してくれる。D：ワイルドライフ・エクスプレスでアフリカのサバンナを横断し、アニマルキングダムの舞台裏をのぞこう。E：アニマルキングダムのアフェクション・セクションでは、こんなかわいい動物に会える。F：アフェクション・セクションで専門家から動物の世話について学ぼう。G：アニマルキングダムでは2020〜21年にシロサイが3頭誕生した。H：エプコットのパビリオン「シー・ウィズ・ニモ＆フレンズ」ではマナティーを治療し、自然界に戻している。

A

D

アドベンチャー・バイ・ディズニーで

アーティストの
ミューズを訪ねよう

ウォルトの足跡を追うコペンハーゲンの旅

ア ドベンチャー・バイ・ディズニーが提供する「コペンハーゲン・エスケープ」は、デンマークとディズニーの歴史を駆け抜ける4日間のツアーだ。単独でも、ディズニー・クルーズラインのオプションとしても参加できる。

　ことの始まりは、ウォルトのヨーロッパ旅行だ。彼はヨーロッパへ渡航すると（生涯で20回を超えた）必ず動物園、移動遊園地、サーカス、カーニバルに足を運び、ほぼすべてをディズニー・パークの糧とした。だが、残念なことに、その多くは汚く、失望させられた。ところが、1951年のデンマークで大きな発見があった。その瞬間について、ウォルトの伝記作家ボブ・トマスは『ウォルト・ディズニー：創造と冒険の生涯』の中で次のように描写している。「コペンハーゲンのチボリ・ガーデンを見たとき、ウォルトの心が息を吹き返した。清掃とカラフルな塗装が行き届き、しかも、万人に手の届く料金だった。陽気な音楽、おいしいフードとドリンク、温かく迎えてくれる礼儀正しい従業員──そうしたすべてが合わさって、楽しい体験を生み出していた。『これだよ。アミューズメント・パークはこうでなければ！』。ウォルトは意気込んで言った」

　デンマークの首都コペンハーゲンに着いたら、初日は自分の足で自由に回ってみよう。デンマーク人が地球上で最も幸福な人々だと言われる理由を五感で感じてほしい。名高いデンマークのデザインに浸り、世界屈指の革新性を誇る料理を堪能しよう。

　それから、いよいよウォルトをかくも感動させたものとのご対面だ。チボリ・ガーデンは世界最古の遊園地の1つであり、奇抜な建築物と緑の豊かな庭園で有名だ。この遊園地には、4Gの遠心力がかかる［アクイラ］のような現代的なマシンから、今なお稼働している希少な年代物ローラーコースター（1914年建造）まで、わくわくさせるア

災い転じて大成功

およそ350年前のフランスで、オーストリア出身の見習いパン職人がヘマをやらかした。生地をつくるのにバターを入れ忘れたのだ。慌てて、あとからバターの塊を投入し、その結果は悲惨なものに……はならなかった。なんと大成功だったのだ。そのパンはデンマークへ伝わり、誕生にオーストリア人が関わっていることから「ヴィエニス（ウィーン風）」と呼ばれるようになった。ドイツでは「コペンハーゲナー」、米国では「デニッシュ（デンマーク風）」と呼ばれている。

右：コペンハーゲンではぜひフレデリクスボー城を訪ねよう。17世紀初頭、クリスチャン4世のために建てられた城だ。

p.228-229：フレデリクスボー城内の天井と壁は、金色に輝くフレスコ画で飾られている。

トラクションがたくさんある。ウォルトがディズニーランドとともに歩み続けたように、チボリ・ガーデンも立ち止まることなく改良と革新を繰り返してきた。歴史の重みを保ちながらも、しっかり21世紀を生きている。また、「食」が大きな楽しみとなっている点もディズニーのテーマパークと同じだ。ランチやディナーの店は35以上も選択肢がある。ディズニーランドのファンにとって、まさに聖地と呼ぶべき場所ではないか。

　ハンス・クリスチャン・アンデルセンの功績をたどる1日もいい。アンデルセンはデンマークで最も有名な人物であり、いわば国の宝だ。『醜いアヒルの子』『えんどう豆とお姫様』『親指姫』『裸の王様』『人魚姫』などの名作童話を数多く残しているが、その多くがディズニーのアニメ映画の題材となり、1989年の『リトル・マーメイド』などは、たちまち名作の仲間入りをした。アンデルセンを称える「人魚姫の像」は、コペンハーゲンで一番人気の観光名所となっている。このランドマークのそばで記念撮影し、海底で繰り広げられる冒険物語の裏にあった歴史を子どもたちと分かち合おう。

　次なる目的地は、ロスキレにあるバイキング船博物館だ。11世紀につくられたバイキング船のコレクションを見学し、その何世紀も前の技術が現在の造船にも生

Aのオンパレード

1837年にコペンハーゲンで出版されたハンス・クリスチャン・アンデルセンの『人魚姫』は、150年以上の時を経て、ディズニーの名作アニメとなった。ディズニー映画の主人公はトリトン王の娘、7姉妹の末っ子アリエルだ。6人の姉の名前をすべて言えるだろうか？ヒントは、全員、末娘と同じ頭文字。答え：アクアータ（Aquata）、アンドリーナ（Andrina）、アリスタ（Arista）、アティーナ（Attina）、アデーラ（Adella）、アラーナ（Alana）。

左：デンマークの詩人・童話作家、ハンス・クリスチャン・アンデルセンの功績を称える「人魚姫の像」

上：17世紀につくられたニューハウン港。運河沿いに繁華街がにぎわっている。

　かされていることを知ろう。17世紀初頭にクリスチャン4世がつくらせたフレデリクスボー城を見学したのち、クロンボー城に向かう。ウィリアム・シェークスピアが『ハムレット』に「エルシノア」という名で登場させたデンマーク一有名な城で、1420年頃に建てられた。ガイド付きのプライベートツアーに参加すれば、この城が歴史に果たした大きな役割が学べる。お別れのディナーは〈チボリハレン〉で。『1001 Restaurants You Must Experience Before You Die（死ぬまでに行きたいレストラン1001店）』に掲載されている評判の店だ。

　最終日には北欧の伝統、フィーカを楽しもう。みんなで集まりコーヒーとおしゃべり、軽食を楽しむ習慣で、もともとはスウェーデンの文化だが、デンマークでも定着している。このコペンハーゲン巡礼を終えたら、きっとアリエルのせりふを真似したくなるはずだ。「こんなに素晴らしいもの、今まで誰か見たことある？」

ウォルトゆかりの地

グリフィス・パークの回転木馬

サンゼルスのグリフィス・パークには、ディズニーとゆかりの深いメリーゴーランドがある。スピルマン・エンジニアリング社が1926年に製造した遊具で、1937年からこのパークの名物となっている。飛び跳ねる68頭の馬はすべて精巧に彫られ、宝石を散りばめた馬具がついている。1500曲以上のマーチやワルツを奏でるスティンソン165ミリタリー・バンド・オルガンも自慢だ。そして、最も注目すべきは、ウォルト・ディズニーおよびディズニーランドとのつながりだ。のちにウォルトはこう語っている。「（ディズニーランドという計画を）思いついたのは、娘たちがまだ幼かった頃だ。週末はいつも2人の娘と過ごす"パパの日"だった。だから、あちこち出かけて、メリーゴーランドにもよく連れていったんだが、（中略）2人が木馬に乗っている間、私はいつも（中略）ベンチに座ってピーナッツを食べていて、親も子も一緒に遊べる場所をつくるべきではないだろうかと思わされた。それがディズニーランドの始まりさ」

ウォルトは壮大なテーマパークの設計に取りかかり、開業時のアトラクションとしてファンタジーランドに［キング・アーサー・カルーセル］を置くことにした。トロントの遊園地からデンツェル社の1922年製回転木馬を購入し、コニーアイランドの回転木馬に使われていたマーフィー社製の馬に付け替えた。ヒントとなったグリフィス・パークの回転木馬のように、馬は飛び跳ねなくてはならないと思っていたので、立っているだけだった馬を上下に動くよう改造した。不要になった馬は倉庫に片づけ、馬車の客車部分は［ケイシージュニア・サーカストレイン］で使うことにした。

右：グリフィス・パークのシンボル的存在のメリーゴーランド。1926年に製造された回転木馬だ。

p.234-235："パパの日"にウォルトが撮影した娘ダイアン（左）とシャロン（右）。

　［キング・アーサー・カルーセル］には68頭の木馬がいる。4列に17頭ずつの配置だ。それから、車椅子のゲストのための長椅子が1つ。先導する「ジングルズ」という馬は、映画『メリー・ポピンズ』におけるジュリー・アンドリュースの功績を称えて、2008年に導入された。

　グリフィス・パークのメリーゴーランドは、ロサンゼルスのみならず世界の宝だ。また、米国内で今なお稼働している歴史的回転木馬の1つであり、ディズニーランド以外でウォルトとつながれる楽しい場所でもある。ピーナッツを持参してベンチに座り、1〜2周乗ってみよう。週末のみの営業だが、第3日曜日なら、すぐ近くの「ウォルトの納屋」（p.128参照）にも足を延ばすといい。

ウォルトからのメッセージ

話は1939年まで遡る。ウォルトは、まだ内密で漠然としているが、やがてディズニーランドへと発展するパークの構想について、スタジオで働いていたビルとボブのジョーンズ兄弟に伝えた。ボブによれば、ウォルトは「回転木馬以外の乗り物があってもいいが、安全かつ魅力的でなくてはならない」と指示した。アトラクションのなかで最も重要なのは回転木馬だということが、ボブの受けた印象だった。

ナショナル ジオグラフィック・エクスペディションで

米国の2大国立公園を訪ねよう

専門家と行くイエローストーンとグランド・ティートン

偉大なる西部があなたを呼んでいる。米国が誇る2つの国立公園、イエローストーンとグランド・ティートンへ行こう。

モンタナ州ボーズマンに到着したら、まずは閉館後のロッキー博物館を訪れる。シーベル恐竜コンプレックスホールの「大空の下の恐竜たち」は、世界最大級かつ最新を誇る展示だ。ほかには、米国では希少なティラノサウルス・レックスの骨格や、ジュラ紀に生息していたアロサウルスのほぼ完全な骨格「ビッグ・アル」もある。

次なる冒険はイエローストーン国立公園で始まる。1872年に米国議会が「国民の福利と楽しみに資する公共の遊園」として設立した世界初の国立公園だ。アブサロカ山脈の近くで昼食を取り、マンモス・ホット・スプリングスの湯気が立ち込めるトラバーチン段丘を探索しよう。それから、公園の北部に位置する野生動物の宝庫、ラマー・バレーを訪れる。1995年、絶滅した種を復活させるため、カナダから輸入されたハイイロオオカミが初めて放たれた場所だ。著名な野生動物写真家の自宅スタジオを訪問し、『ナショナル ジオグラフィック』誌のために行った撮影の裏話を聞こう。

次に向かうのは、もう1つのほう——イエローストーンにあるほうのグランドキャニオンだ。ここにはナイアガラの2倍の高さから水を吐き出す2つの滝がある。ヘイデン・バレーでは、バイソン、コヨーテ、エルク、うまくすれば怖ろしいグリズリーも見られるかもしれない。大陸分水嶺を越えると、アッパー・ガイザー・ベイスンに出る。あの有名な間欠泉、オールド・フェイスフル・ガイザーのある場所だ。名前に「フェイスフル（忠実な）」とついているのは、規則正しく噴出するからである。アッパー・ガイザー・ベイ

右：米国最大の熱水泉、イエローストーンのグランド・プリズマティック・スプリング。このカラフルな色は、水と沈泥に生息する微生物によるものだ。

p.238-239：イエローストーン国立公園の平原にはバイソンが多く生息する。

スンを探索し、地熱現象について学ぼう。地球上で発見されている間欠泉の実に3分の2が、ここイエローストーンにある。夜には、ワイオミング州のグランド・ティートン国立公園訪問に向けて、ナショナル ジオグラフィック専門家による講義を受け、心躍らせることだろう。

　グランド・ティートンでは、クレイグ・トーマス・ディスカバリー・アンド・ビジター・センターを訪問する。自然保護や登山の現状に関する展示のほか、ネイティブ・アメリカンの工芸品を集めた「デビッド・T・バーノン・コレクション」がある。それから、1964年にウィルダネス・アクト（原生自然法）が生まれたミューリー牧場へ移動だ。牧場の歴史と、自然保護運動の先駆けとしての重要性について解説するプレゼンテーションが充実している。

　雄大な公園に別れを告げる時が近づいてきたが、その前にワイオミング州ジャクソンのワイルドライフ・アート国立博物館を訪ねるツアーがある。最後はスネーク川を下りながら、多種多様な野生動物や森の生き物に注目しよう。

ウォルトからのメッセージ

ウィンター・スポーツの愛好家だったウォルトは、ヨセミテ公園を満喫した。そして、アルペンスキーのチャンピオンで指導員でもあるオーストリア人、ハンネス・シュロールと出会う。ウォルトは近接するハンネスの「シュガー・ボウル・リゾート」に投資し、ハンネスは返礼として山の1つを「マウント・ディズニー」と改名した。この山は現在も営業している。カリフォルニア初のチェア型リフト（1939年）にディズニーの名を冠したほか、ゲレンデにもディズニー・メドウ、ディズニー・トラバース、ディズニー・ノーズ、そしてドナルドダックといった名がついている。シュガー・ボウルはグーフィーが主役の『グーフィーのスキー教室』（1941年）の舞台になった。

ディズニー・リビエラ・リゾートで
旅人の本棚を
のぞいてみよう

　かつてウォルトは言った。「『宝島』にある海賊の戦利品をすべて集めても、本の中にある宝の山にはかなわない（略）」

　ウォルト・ディズニー・ワールドにあるディズニー・リビエラ・リゾートのロビーには、図書室の姿をした心地よい宝の山が静かにたたずんでいる。その棚には、ウォルトが1935年のヨーロッパ旅行で収集した、今日も愛される映画やアトラクションのアイデアの源泉となった書籍などが並んでいる（棚に固定されているので読むことはできない）。

　本のタイトルや飾られた記念品から、ウォルトの旅を"拾い読み"しよう。これらのアイテムや複製品は、ディズニー・アーカイブスとウォルト・ディズニー・ファミリー博物館が保管する原本など、貴重な品々をベースとしたものだ。隣接する〈ル・プティ・カフェ〉でコーヒー、紅茶、軽食、ペイストリー、カクテルなどを注文し、しばしゆっくりと、くつろぎの時を過ごしてほしい。

アドベンチャー・バイ・ディズニーで

アナ雪の世界を体感しよう

エルサとアナに触発された冒険たっぷりのノルウェー旅行

エルサとアナが世界デビューを果たす2013年まで、ノルウェーにはさほど注目していなかったというディズニーファンが多いのではないだろうか。だが、『アナと雪の女王』が大ヒットし、その架空の王国アレンデールがスカンジナビアを連想させることから、ノルウェーは今や家族で行きたい場所のトップに立っている。ノルウェーとスカンジナビア半島の雪山、フィヨルド、氷河湖を巡る8日間の旅で、エルサとアナの世界に浸ろう。

アドベンチャー・バイ・ディズニーの冒険はベルゲンという町から始まる。その古風な魅力がアレンデールのヒントになったという町だ。宿泊施設は歴史あるブリッゲン地区にある。この北欧の旅で訪れる最初のユネスコ世界遺産だ。それから「ノルウェーの冒険の都」と呼ばれるボスへ向かう。家族で川下りをしながら雄大な山々の景観を楽しもう。

フロムという村では、「ジープとアフリカだけがサファリではない」ということに気づくはずだ。別のタイプのサファリ──ボートで巡る文化観光を満喫しよう。リジッド・インフレータブル・ボート（RIB）という硬式ゴムボートに乗り、フィヨルドをくまなく探検することができる。途中訪れる村々では、地元の語り部が伝承を聞かせてくれる。世界遺産に登録されたナーロイフィヨルドでは、古代バイキングが埋葬された場所を見学する。

ラルダールに到着すると、映画で見た覚えのあるものが迎えてくれる。ボルグンド・スターブ教会だ。ノルウェーを代表するスターブ教会（中央に4本の柱が真っすぐに立

右：1180年に建築されたボルグンド・スターブ教会。当時のヨーロッパ北西部で一般的だった木造教会のなかでは、最も保存状態が良い建物だ。

p.244-245：進むほど絶景が現れるノルウェーのフィヨルド。

ち、垂直に並べた厚板が壁となっている中世の木造教会）の構造は、映画に登場する建築物のヒントとなった（詳しく知りたい人は旅行前または旅行後に、エプコットのワールド・ショーケースにある「スターブ教会ギャラリー」を訪ねよう）。世界遺産のガイランゲルフィヨルドでは、息をのむほど美しい風景と、410メートルの高さから流れ落ちる「七人姉妹の滝」の前で、畏敬の念を抱かずにいられない。その晩のディナーは、大人たちの交流の場となるので、ジュニア・アドベンチャラーズの夕食は、車に関するお宝が展示されたホテルの"ガレージ"に用意される。その後は、みんなでカラオケを楽しんだり、トロールづくりをしたりと、お楽しみは尽きない。

　次に訪ねるのはベステロス農場だ。丘を散策し、地元の暮らしについて学ぼう。ノルウェーの家族と交流し、農場の動物たちに挨拶することもできる。クリストフの忠実な相棒で"へんてこなロバ"のスヴェンに似たトナカイにも会える。そこから丘を歩いてストルセターフォッセンの滝へ向かう（悪天候の場合は中止）。ディズニーランドの［ジャングルクルーズ］にあるシュバイツァーの滝と同様、滝を裏からも見物できることで人気のトレイルだ。翌朝はローエン湖の澄みきった水で網漁、午後は近くの氷河、ケンダルスブリーンまで45分間のサイク

氷を切り出す

『アナと雪の女王』（2013年）は、屈強な男たち（と、小さなクリストフと幼いスヴェン）が氷を切り出す場面から始まる。これは冷蔵庫がなかった時代に始まったノルウェーの伝統で、今も続いているが、ノコギリではなくチェーンソーを使うことが多くなった。映画で描かれたように、氷を同じ大きさに切り出し、湖から引き上げる。現代は、どんな用途があるのだろうか。主に氷の彫刻、高級カクテル、アイスホテル（氷と雪でつくる冬季限定の宿泊施設）などに使われているという。

245

左：フィヨルドのサファリツアーへ出発だ。硬式ゴムボートRIBに乗り、アウルランフィヨルドとナーロイフィヨルドの入り組んだ海岸線を進んでいく。

上：ノルウェーの旅では、行く先々の休憩所やレストランで、深い緑と高い山々に驚嘆するだろう。

リングに参加できる。そして、隠れ家のようなホテル・ユニオンへ。車好きにたまらないのが、1920〜30年代にガイランゲルの村で観光客相手に披露されていたというコレクションだ。少しドライブしてみたい人のために、運転手も控えている。夕食は、ホテルの伝統的な茅葺き屋根のキャビンでノルウェー式バーベキューを楽しむ。

　大好きな映画と同じで、楽しいことには必ず終わりがある。8日間の冒険はノルウェーの首都、オスロで幕を閉じる。電車で美しい田園地方を抜け、最終目的地へと向かう。かの有名なグランド・ホテル・オスロの貸し切り会場でお別れパーティーが催され、伝統的な民族舞踊が披露される。ゆっくり眠り、朝食をもりもり食べたら、空港へ向かい、飛行機で帰路につく。この"アナ雪の国"に「ファーベル（さようなら）」を言うのを忘れずに。

ディズニーランド・パリで

"生まれて初めて" アレンデールへ

　もしディズニーを象徴する国歌があるとすれば、それは『アナと雪の女王』（2013年）の「レット・イット・ゴー」ではないだろうか。クリステン・アンダーソン＝ロペスとロバート・ロペスの夫妻が作詞作曲を手がけた名曲だ。内に抱えていたものすべてを解き放つエルサの清々しさを表現する曲として、たった半日で完成させたという。そして、2014年のアカデミー賞オリジナル歌曲賞を受賞した。

　この大ヒット映画と冬らしい楽曲を祝して、ディズニーランド・パリに『アナと雪の女王』をテーマにしたエリアが誕生する。パリのアレンデール王国では、高さ40メートルの雪山に立つエルサの氷の城、映画を思い出させる村、北欧風のレストラン、そして、新作アトラクションが楽しめる。夏も、つまりどんなシーズンもオラフたちがゲストを歓迎し、メロメロに溶けてしまいそうな体験を約束してくれる。

ディズニー・バケーション・クラブ・メンバー・クルーズで

会員限定の船旅を満喫しよう

ディズニーのスターたちと行くクルーズ

デ ィズニー・バケーション・クラブの会員向けサービスは無数にあるが、メンバー・クルーズは年に1度しかない。しかも、必ずや忘れがたい航海になる。ディズニーのクルーズはどれも魔法のようだが、このクルーズは格が違う。何から何までファーストクラス。乗船した瞬間から、期待は膨らむばかりだ。旅程は何カ月も前に発表されるが、内容はサプライズである。船がドックを離れると、出航パーティーのファンファーレが鳴り響く。ミッキーと仲間たちにお祝いされ、「これ以上望むものはない、最高だ」と思ったそのとき、それを超える最高の瞬間が訪れる。特別ゲストが登場するのだ。顔ぶれは毎年変わるが、過去には次のような面々が乗船した。ピクサーの人気映画『モンスターズ・インク』(2001年)、『カールじいさんの空飛ぶ家』(2009年)、『インサイド・ヘッド』(2015年)、『ソウルフル・ワールド』(2020年)を監督したピート・ドクター。モアナの声を担当したアウリイ・クラヴァーリョ。イマジニアとして［ビッグサンダー・マウンテン］、［インディ・ジョーンズ・アドベンチャー］、［スプラッシュ・マウンテン］を生み出したディズニー・レジェンド、トニー・バクスター。ブロードウェイ・ミュージカル『メリー・ポピンズ』でおなじみのアシュリー・ブラウン。『美女と野獣』と『ライオン・キング』のプロデューサー、ドン・ハーン。グーフィーの声優を務めたディズニー・レジェンドのビル・ファーマーと、ミッキーの声優、ブレット・イワン。舞台と銀幕の双方で活躍したジェニファー・ハドソン。1950年代からウォルトの下でアニメーターを務めたディズニー・レジェンド、フロイド・ノーマン。ディズニーのファンならきっと喜ぶ多彩な顔ぶれだ。

伝説の建築家

ディズニー・クルーズラインの最初の船2隻が完成したのは、ディズニー・レジェンドである建築家、ウィング・T・チャオの力によるところが大きい。彼はマジック号とワンダー号の設計を主導し、その後、ドリーム号とファンタジー号にも携わった。

右：左からブレット・イワン（ミッキーマウスの声）、ディズニー・レジェンドのビル・ファーマー（グーフィーの声）、ピクサーに縁が深いボブ・ピーターソン（2001年『モンスターズ・インク』のロズ、2009年『カールじいさんの空飛ぶ家』のダグの声）。

p.252-253：細部までこだわる船内のおもてなし。

　しかも、ただ会えるだけではない。パネルディスカッション、セミナー、ミート＆グリート（ファンの交流会）、お絵かきレッスンなど、対話する機会もある。近日公開の映画の舞台裏や、シーンの一部を見せてもらえるかもしれない。

　さらに、この特別な船旅ならではのサービスとして、部屋を離れている間にギフトが届けられる。1日に2度、それも毎日続くのだ。そのため、ディズニー・バケーション・クラブ・メンバー・クルーズの常連は、空のスーツケースや大きなダッフルバッグを用意している。過去には、ロゴ入りグラス、特製ビーチタオル、大好きなディズニー音楽を聴くためのBluetooth対応ポータブルスピーカーなどがプレゼントされた。

　その他の特典として、ディズニーのレコーディング・ミュージシャンが主催するナイトクラブ、テーマを決めたデッキパーティー、特別なメニューやカクテル、ブロードウェイ風の出し物、ウォルト・ディズニー・アーカイブス監修の特別展示なども期待していい。

ミニーからの伝言

ディズニー・クルーズを予約した。さあ、カウントダウンだ。キャラクター・コールで家族みんなを喜ばせよう。あらかじめ録音された文言でキャラクターが祝ってくれる（「My Disney Cruise」のページからオンラインでアレンジが可能）。ミニー（あるいは、その他のキャラクター）が電話で、魔法のような船旅になるよう祈ってくれる（利用は予約1件につき2回まで）。

アドベンチャー・バイ・ディズニーで

中国6都市を巡ろう

1つのツアーで2つのディズニー・パークと数千年の歴史

お得感満載の話をしよう。アドベンチャー・バイ・ディズニーの中国ツアーは、12日間でなんと6都市を回る。中国の伝統文化、驚嘆すべき自然、激動の歴史に圧倒される旅になることだろう。

旅は香港から始まる。1928年に創業し、「東洋の貴婦人」と呼ばれるザ・ペニンシュラ香港に宿泊するチャンスだ。香港ディズニーランドでは7つのエリアを訪れるが、特に注目すべきは、歴史を守りつつ新しく生まれ変わった「キャッスル・オブ・マジカル・ドリーム」だ。夢を見る人、信じる人に触発されて誕生したこの城は、香港ディズニーランドの中心的存在として、そして、希望と可能性のシンボルとして、堂々とそびえ立っている。

次に、丸2日間の北京観光へ向かう。ユネスコが「建築および景観設計における傑作」と認定した天壇を見物しよう。紫禁城を訪ね、90の宮殿、前庭、1万の部屋、大広間、寝所、宴会場を擁する広大な故宮を観光しよう。古い街並みに走る細い路地、胡同（フートン）を人力三輪車で巡ることもできる。最後に、もちろん世界の新七不思議の1つ、万里の長城も歩きたい。

飛行機で西安に移動したら、世界文化遺産の秦始皇帝陵と、陵墓を守る兵馬俑を見学する。この兵士や馬、1人乗り二輪馬車（戦車）をかたどった7000体以上の俑（副葬品として埋葬した彫像）は、統一中国最初の皇帝、秦の始皇帝の陵墓に沿って行われた発掘調査で1974年に発見された。

見どころはまだまだある。錦繍山の絶景を楽しめる漓江下り。師に習う伝統的太極拳。川劇（四川オペラ）の音楽、曲芸、人形劇、そして鮮やかな色のマスクを瞬時に付

中国での
マナーと常識

白雪姫の7人の小人たちなら毎日吹いている口笛も、中国では非礼な行為と見なされる。中国の人は何かを指さすとき、人差し指ではなく5本の指を伸ばして示す。汁物は必ずすすること。それがおいしさを伝えるマナーだ。お茶を出されたら、テーブルを2本の指で2回たたいて謝意を示そう。贈り物は、渡すときも受け取るときも両手を使うのが礼儀だ。時間厳守が美徳なので、アリスの白うさぎのような遅刻は禁物だ。

右：香港ディズニーランドでは、ファンタジーランドなど7つのエリアを制覇しよう。

p.256-257：ディズニー・パークだけでなく、万里の長城など歴史的な名所も観光する。

け替える変面のマジック。さらに忘れてはならないのがパンダだ。成都ジャイアントパンダ繁殖研究基地へのプライベートツアーに参加し、囲われた自然生息地で遊ぶパンダを観察しよう。

　上海では、中国雑技団による由緒ある曲芸の鑑賞、旧市街地の散策、300年の歴史を持つ豫園での瞑想が待っている。締めくくりは上海ディズニーランドだ。おなじみのアトラクションはもちろん、[カリブの海賊：バトル・フォー・ザ・サンケン・トレジャー]（p.138参照）のような、ここにしかない新アトラクションを満喫しよう。

香港ディズニーランドの歴史

香港ディズニーランドは2005年9月12日にオープンした中国初のディズニー・テーマパークだ。伝統ある4つのエリアからスタートしたが、やがて、「グリズリー・ガルチ」や、奇矯な冒険家ヘンリー・ミスティック卿のアトラクションがある「ミスティック・ポイント」などが加わり、今では7つのエリアがある。

ディズニー・クルーズラインで

スプラッシュタキュラーな体験を！

ミッキー&ミニーと飛び込むウォーター・アドベンチャー

輝く星に祈れば夢はかなう。少なくとも新たに就航するディズニー・ウィッシュ号の上でなら。この船は"初めて"尽くしだ。ミニーが船首を飾るのも初めてなら、ディズニー初の洋上アトラクションも備えている。［アクアマウス］はディズニーのすべてのアトラクション同様、スリルとストーリー性に満ちたアトラクションだ。ミッキーとミニーの「ポート・ミスアドベンチャーズ（港の災難）」という会社が海辺のエクスカーションを主催するのだが、マーメイド・ラグーン海底への旅は、社名のとおり、てんやわんやの大騒ぎとなる。

　このウォータースライダーは2人乗りのビークルを使い、曲がりくねったチューブを230メートル滑り降りる。魔法のトンネルに入ったら、アニメの世界の始まりだ。舷窓に見立てた特大サイズのスクリーンに新作短編アニメが映し出され、おなじみのディズニーの仲間たちが登場する。エミー賞候補の作曲家、クリストファー・ウィリスによるオリジナル曲とシンクロした特殊効果も満載だ。ディズニー流の"イースターエッグ探し"も楽しい。どのアニメにも、ディズニーのプライベートアイランド、キャスタウェイ・ケイ（p.218参照）を目指してヒッチハイクするチップとデールが隠れているのだ。［マッターホーン・ボブスレー］の忌まわしき雪男の姿も探してみよう。

　上甲板の暗いトンネルを猛スピードで滑り降りるので、手や腕をビークルの外に出してはいけない。トンネルから飛び出すと、目の前に大海原が広がる。飛び跳ねながら減速し、船のへりで大きくターンして、盛大なしぶきとともに着水する。このスリルが忘れられず、もう一度ポート・ミスアドベンチャーズに予約を入れたくなること間違いなしだ。

ディズニー・ウィッシュ号の［アクアマウス］では、『スキューバ・スクランブル』と『スイス・メルトダウン』という2本の短編アニメを楽しめる。

CHAPTER 4　グルメ

BE OUR GUEST
ビー・アワ・ゲスト
カウンター席から白いクロスのテーブルまで

ウォルト・ディズニー・ワールド・リゾートで

王族のような食事を楽しもう

〈ビー・アワ・ゲスト・レストラン〉と〈シンデレラ・ロイヤルテーブル〉

『美女と野獣』（1991年）のルミエールが言っているではないか。「そんな悲しい顔をしないで。食事を楽しもう」

パークの喧騒をしばし忘れて、ゆったり過ごしてはどうだろう？

マジックキングダムには、『美女と野獣』と『シンデレラ』（1950年）の世界を再現した夢のようなレストランがある。ごちそうと物語が交差する魔法のような空間で、王族のようなもてなしを受けよう。大好きな映画の世界──それも立体的な世界に足を踏み入れた子どもたちは、たちまち魔法にかかることだろう。

ファンタジーランドの「美女と野獣の城」にある〈ビー・アワ・ゲスト・レストラン〉には、過去へタイムスリップさせてくれる３つのテーマダイニング・ルームがある。グランド・ボールルームは美しいシャンデリア、重厚なカーテン、天井の壁画など、映画そのままの優雅なゴシック様式が売り物だ。ビーストが入ってくることもある。ウェスト・ウィングはビーストの寝室だが、映画と違い、立入禁止ではない。大きなアーチ型の窓の前に「魔法のバラ」がある。花びらが落ち、近くの肖像画の王子が野獣に変わる瞬間を見られるかもしれない。最後のローズ・ギャラリーには、実物より大きなベルとビーストが踊る特大オルゴールが飾られている。

ランチとディナーはフランス料理風のメニューとなっている。子どもたちは好きな３品を組み合わせたコースを注文できる。劇中歌「ひとりぼっちの晩餐会」でルミエールが「一度食べたらトレビアン。お疑いならお皿に聞いて！」と歌っていたクリーミーな灰色のデザートは、ディズニーの食通にとても人気がある。初めて味わうとしたら、野獣の城ほどふさわしい場所はない。

シンデレラの小さな友達

ジャックとガスは、舞踏会のためにシンデレラのピンクのドレスを縫うお手伝いをしていたネズミたちだ。その仲間、スージーとパーラにもパークで会ったことがあるかもしれない。だが、ほかにマート、バート、ルーク、ブロッサムもいることをご存じだろうか。映画ではひとまとめにされているが、制作メモにはキャラクターとして名前がきちんと記されている。

右：〈シンデレラ・ロイヤルテーブル〉の食事には、素晴らしい料理と、大好きなプリンセスとのふれあいが含まれている。

p.264-265：〈ビー・アワ・ゲスト・レストラン〉で、野獣の城の賓客として、おもてなしを受けよう。

　「夢とは心が紡ぐ願いごと」。シンデレラはそう歌っている。今から紹介するのは、まさに夢がかなったと思える体験だ。

　ウォルト・ディズニー・ワールドのシンデレラ城は、フランスの有名な要塞や城からヒントを得て建てられた。設計にあたったチーフデザイナーでディズニー・レジェンドのハーブ・ライマンは、1950年のアニメーション映画『シンデレラ』に登場するお城も参考にした。そんなシンデレラ城の中にある〈シンデレラ・ロイヤルテーブル〉は、まさにマジックキングダムに輝く宝石である。（ちなみに東京ディズニーランドにもシンデレラ城があるが、レストランはない。）高貴なるパーティーの開始を待つ間、暖炉の上に飾られたディズニー家の紋章を鑑賞しよう。らせん階段、もしくは金色のエレベーターで上がった先に、きらびやかなダイニングルームが広がっている。ステンドグラスの窓の外にはファンタジーランドが見渡せる、おとぎ話のような空間だ。朝食、昼食、夕食、すべてプリ・フィクス──すなわち定額制で提供される。シンデレラその人が現れて、おとぎ話が現実になることを証明してくれるかもしれない。

　利用にあたってはぜひご予約を（60日前から可能）。パークの予約と入場料の支払いも必要だ。

ドレスの色に注目

アニメ版『美女と野獣』（1991年）でベルが着ている服の色には意味がある。18世紀フランスの片田舎では、彼女1人だけ青い服だった。ビーストとの恋が進展するにつれ、ベルの着衣の色は温かみを増していく。例えば、雪の中で「愛の芽生え」を歌うときはピンク、図書室に驚くシーンは薄緑色、舞踏室でビーストと踊るときはゴージャスな黄色のドレスをまとっている。

さまざまなパークで

トロピカルな
旅に出よう

探検と冒険に乾杯!

トレーダー・サムは伝説の冒険家であると同時に伝説のバーテンダーでもある。ポリネシア、アマゾン、コンゴ、ナイル、メコンなどエキゾチックな土地を歴訪し、創造性に富んだカクテルの素材を探した。初めてディズニーランドにやって来たとき、あの世界的に有名な〈トレーダー・サムの魅惑のチキバー〉をつくった。その成功で勢いづき、東へ向かう。セブン・シーズ・ラグーンに着いたところで次の店を開く場所の目星をつけた。

冒険家の例に漏れず、サムもさまざまな記念の品々を収集し、2つのレストランのラウンジに飾っている。ディズニー・ポリネシアン・ビレッジ・リゾートの〈トレーダー・サムのグロッグ・グロット〉が提供する「ノーチラス」というカクテルは、同じ冒険家であるジュール・ベルヌとその小説、『海底二万マイル』(ウォルト・ディズニー・ワールドの人気アトラクションでもある)を称えた飲み物だ。潜水艦の形をしたグラスはすぐ目に入るが、ほかにもいろいろな仕掛けが隠されている。例えば、映画で使った巨大イカの足を抱えるウォルト・ディズニーの写真を探してみよう。

一方、ディズニーランド・ホテルの〈トレーダー・サムの魅惑のチキバー〉には、アドベンチャーランドの[ジャングルクルーズ]へのオマージュとして、「ヒポポトマイタイ」と「ピランハ(ピラニア)・プール」というカクテルがある。店内の隅々、隙間や棚に隠された"イースターエッグ探し"も楽しい。パークのキャスト同様、スキッパーと呼ばれるこの店のバーテンダーも魔法が使える。だが、競争率の高い席を確保しない限り、自分の目でそれを確かめることはできない。

ディズニー・ポリネシアン・ビレッジ・リゾートのバー〈トレーダー・サムのグロッグ・グロット〉では、トロピカルドリンクと軽食が楽しめる。

さまざまなパークで

ミッキー&フレンズと一緒に食事しよう

大好きなキャラクターが盛り上げてくれる朝食・昼食・夕食

ウォルト・ディズニーは言った。「バンド演奏やスリル系ライドは、どこにでもある。だが、私たちにはディズニーのキャラクターがいる。そのことを軽く考えてはならない。子ども連れで入ってきたところに我らのキャラクターが登場すれば、みんな走り寄ってカメラを向ける」

　ウォルトの言葉は今なお真実だ。ところが、1970年代に現在のディズニー・スプリングスに〈スノー・ホワイト・イン・ザ・ビレッジ・レストラン〉が誕生するまで、食事とキャラクターを組み合わせるという発想はなかった。1970年代後半にはディズニー・ポリネシアン・ビレッジ・リゾートでキャラクターと一緒の朝食「ミニーのメネフネ」が始まり、ハワイの衣装をまとったミニーが、友達のミッキー、グーフィー、プルート、チップとデールを伴って登場するようになった。今では、キャラクターダイニングを提供する場所はディズニーの世界中の拠点に広がっている。

　キャラクターダイニングの魅力はたくさんあるが、何よりうれしいのはキャラクターとのふれあいが約束されていて、食事中にテーブルまで来てくれることだ。幼い子どもにとっては、アトラクションの行列に並ぶよりも、テーブルでキャラクターと親密な時間を過ごすほうがはるかに楽しい。簡単な会話ができるし、快くサインしてくれるし、写真も撮らせてくれる。ハグだってしてくれるのだ。

　キャラクターダイニングは誕生日のお祝いにもぴったりだ。パークに到着したら、「お誕生日ボタン（バッジ）」をもらおう。キャストの都合がつけば「ハッピー・バースデー」を、あるいは『ふしぎの国のアリス』ファンには「ハッピー・アンバースデー」ソングを歌ってくれるかもしれない。

右：ディズニーランド・ホテルの〈グーフィーズ・キッチン〉では、チップかデールに会えるかもしれない。

p.270-271：大好きなキャラクターとのふれあいは、ディズニー・パークで最も忘れがたい体験となる。ディズニー・コンテンポラリー・リゾートの〈シェフ・ミッキー〉にて。

268　CHAPTER 4　ビー・アワ・ゲスト　グルメ

　こうした体験は朝食、昼食、夕食問わず、気軽な店でも高級レストランでもできる。特に人気が高く、予約が必要なレストランとイベントをいくつか紹介しよう。

ディズニーランド・リゾート：〈プラザ・イン〉のミニー&フレンズ・ブレックファスト・イン・ザ・パーク、〈ストーリーテラー・カフェ〉のミッキーのテール・オブ・アドベンチャー・ブレックファスト、〈ナパ・ローズ〉のディズニー・プリンセス・ブレックファスト・アドベンチャー、ディズニーランド・ホテル内の〈グーフィーズ・キッチン〉。

ウォルト・ディズニー・ワールド・リゾート：〈ガーデングリル〉のチップとデールの収穫祭、〈ハリウッド&バイン〉のディズニージュニア・プレイ&ダイン・ブレックファスト、ディズニー・リビエラ・リゾートの〈トッポリーノ・テラス〉のミッキー&フレンズとのアートな朝食、〈シェフ・ミッキー〉のシェフ・ミッキーのファミリー・フィースト、〈タスカーハウス・レストラン〉のダイニング・ウィズ・ドナルド&フレンズ、〈ストーリーブック・ダイニング・アット・アーティスト・ポイント・ウィズ・スノーホワイト〉。

東京ディズニーリゾート：ディズニーアンバサダーホテルの〈シェフ・ミッキー〉。

ディズニーランド・パリ：ディズニーランド・ホテルの〈インベンションズ〉、ディズニー・ビレッジの〈カフェ・ミッキー〉、パーク内の〈プラザ・ガーデン・レストラン〉。

香港ディズニーランド：香港ディズニーランド・ホテルの〈エンチャンテッド・ガーデン・レストラン〉、ディズニー・ハリウッド・ホテルの〈シェフ・ミッキー〉、ディズニー・エクスプローラー・ロッジの〈ワールド・オブ・カラー・レストラン〉と〈ドラゴン・ウィンド〉。

上海ディズニーリゾート：上海ディズニーランド・ホテルの〈ルミエールのキッチン〉、エンチャンテッド・ストーリーブック・キャッスルの〈ロイヤル・バンケット・ホール〉。

魔法がいっぱい

どうぞご一緒に

キャラクターダイニングのメニューは、キャラクターとのふれあいに負けないくらい楽しい。おなじみのミッキーワッフル以外にも、独自の料理が各地にある。ディズニーランド・ホテルの〈グーフィーズ・キッチン〉では、グーフィーが自慢のピーナッツバターピザを朝食に出してくれる。上海ディズニーランドの〈ルミエール・キッチン〉には『美女と野獣』にちなんだデザート、香港ディズニーランドの〈ロイヤル・バンケット・ホール〉にはミッキー寿司、ディズニーランド・パリの〈プラザ・ガーデン・レストラン〉には「ストロベリー・ポルカドット・ミニーマウス・ケーキ」がある。ウォルト・ディズニー・ワールドの〈ストーリーブック・ダイニング・アット・アーティスト・ポイント・ウィズ・スノーホワイト〉では、「魔法の鏡のポークシャンク」がおすすめだ。

A：ディズニー・ウィルダネス・ロッジの〈アーティスト・ポイント〉に現れたドーピー。**B**：アウラニ・リゾートでは、ミニーがフラダンスの腕前を披露してくれるかもしれない。**C**：ディズニー・グランド・カリフォルニアン・ホテル＆スパの〈ナパ・ローズ〉で本の虫、ベルをつかまえよう。**D**：〈ナパ・ローズ〉で食事をするときはサイン帳を忘れずに。**E**：〈ナパ・ローズ〉のディナーでムーランに会えて小さな武人は大喜び。**F**：エプコットではチップとデールに会いに〈ガーデングリル〉へ行こう。**G**：ディズニー・ワンダー号の〈ティアナズ・プレイス〉で王族のような食事を。**H**：ディズニージュニア・プレイ＆ダイン・ブレックファストでハグしてくれるバンピリーナ。ディズニー・ハリウッド・スタジオの〈ハリウッド＆バイン〉にて。

エプコットで
世界を（1日で）食べ歩こう

エプコット・インターナショナル・フード＆ワイン・フェスティバル

エプコットのワールド・ショーケースは常に美食家を唸らせてきた。世界の料理、建築、エンターテインメントが、まだ行ったことない国々へと誘（いざな）ってくれる。パークの枠にとどまらず、6つの大陸を股にかける食のイベント、エプコット・インターナショナル・フード＆ワイン・フェスティバルの会場となるのも当然のことだ。

そこでふるまわれるのは、いわゆる"テーマパークの食べ物"ではない。ウォルト・ディズニー・ワールドのシェフはみな、料理と真摯に向き合っている。本場の食材にこだわり、多様な料理を提供することに深く気を配る。味はもちろん、見た目にも手を抜かない。胃袋だけでなく、目も喜ばせてくれるごちそうなのだ。

何はともあれ、おなかペコペコ、喉カラカラの状態で参加しよう。

「グローバル・マーケットプレース」と呼ばれる売店は、それぞれ小さなキッチンを備え、個性豊かな料理と、それぞれに合うワイン、ビール、カクテルを用意している。世界の料理を、AからZまで（アルプス、オーストラリア、ベルギー、ブラジル、カナダ、中国、フランス、ドイツ、ギリシャ、インド、アイルランド、イタリア、日本、ケニア、メキシコ、モロッコ、スペイン）味わい尽くすのに、パスポートは要らない。食べ慣れたチキンウィング、マカロニチーズ、ドーナッツ、ロブスターロール、ハンバーガーの店もあるので、そのとき食べたいものが必ず見つかる。

何を食べようか考えながら回るのも楽しいが、事前に計画を立てたい人のためには、詳しいガイドブックがある。エプコットをはじめウォルト・ディズニー・ワールドで

フラワーパワー

エプコット・インターナショナル・フラワー＆ガーデン・フェスティバル（3〜7月）で自然の美と豊かさを体感しよう。パーク中にディズニー・キャラクターをかたどったトピアリー（装飾的に刈り込んだ植物）が設置され、アウトドアキッチンでは春をイメージしたフレッシュな料理が楽しめる。

右：毎年恒例のエプコット・インターナショナル・フード＆ワイン・フェスティバルで世界中を食べ歩こう。

p.276-277：モロッコ、ブラジル、オーストラリアなど、マーケット・プレースに出店する国は人気に応じて年ごとに変わる。

はアレルギーに配慮し、植物性食品、ビーガン料理、グルテン・小麦・乳製品フリーの料理、ノンアルコールの飲み物も用意している。

　小さな美食家たちも連れていこう。常設レストランやクイックサービスの店に行けば、子どもの好きなメニューがある。「レミーのラタトゥイユ・ハイド＆シーク・スカベンジャー・ハント」というアクティビティーも気に入るはずだ。ワールド・ショーケースとグローバル・マーケットプレースの至るところに隠されたレミーの像をすべて見つければ、シェフ・レミーからの賛辞というご褒美をもらえる。世代を問わずうれしいのが、フランスではベル、英国ではメリー・ポピンズ、ノルウェーではアナとエルサというように、それぞれの"国"に現れるキャラクターとの出会いだ。

　エプコットに来たからこそ体験できる魔法も忘れてはならない。「イート・トゥ・ザ・ビート・コンサート」には、カントリー、ブロードウェイ、ポップ、R&B、ジャズと、幅広いジャンルのスターが世界中から集まる。一流アーティストの音楽が始まると、足が自然とリズムを取り始めるはずだ。マリアッチ・コブレ、和太鼓奏者、鍋とフライパンでシンコペーション音楽を奏でるジャミン・シェフなども参加する。また、アメリカン・アドベンチャーのパ

ウォルトからのメッセージ

ウォルトはExperimental Prototype Community of Tomorrow（実験的未来都市）としてEPCOT（エプコット）を構築した。「ここで暮らし、働き、遊ぶ人々（中略）および、この生きた見本を見にきてくれる世界中の人々の幸福のために、エプコットを捧げる」と語っている。当初のコンセプトは形を変え、進化してきたが、エプコットは今も"生きた見本"であり、だからこそエプコット・インターナショナル・フード＆ワイン・フェスティバルの開催地にふさわしい。

278　CHAPTER 4　ビー・アワ・ゲスト　グルメ

左:ドーナッツとミルクは完璧なコンビ。エプコットの〈ドーナッツ・ボックス〉より。
上:くれぐれも腹ペコで行くこと。エプコット・インターナショナル・フード&ワイン・フェスティバルにはおいしいものが山ほどある。

　ビリオン（アメリカ館）の目玉、「ボイス・オブ・リバティー」では、1800年代の美しい衣装をまとったアカペラグループが、アメリカ・ガーデン・シアターの舞台でディズニー・ソングを歌いあげる。
　1日中食べ歩き、探検していたら、当然疲れるだろうが、それでも最新のナイトタイム・スペクタキュラー、［ハーモニアス］は必見だ。水上の巨大スクリーンと演出に合わせて動く噴水、照明、花火、レーザーの革新的なコンビネーションを360度で楽しめるショーが、ディズニーの物語と音楽を新しい形で見せてくれる。
　ピンバッジ、ハット、アパレル、エプロン、ガラス食器、料理本、室内装飾など、エプコット・インターナショナル・フード&ワイン・フェスティバルには豊富なグッズがそろっている。おいしい記憶とともにこの日の記念にしよう。
　なお、パークの予約とエプコットの入場券が必要だ。

ウォルトゆかりの地

ウォルトが愛した レストラン

ウォルトとつながる近道の1つとして、彼が1920年代後半から1966年まで足しげく通ったロサンゼルスのレストランを訪ねよう。残念ながらブラウン・ダービー、ロマノフズ、チェイスンズ、ヘルナンドズ・ハイダウェイ、朝食がお気に入りだったビフズ（いつもシルバーダラーパンケーキを注文していた）は遠い昔に閉店してしまったが、ウォルトになった気分で食事できる場所はいくつか残っている。

タム・オシャンター

ディズニーランドから北へ約45分の距離にあるタム・オーシャンターは、1922年に創業した。同じ家族が同じ場所で続けている店としてはロサンゼルス最古にあたる。フランスのノルマンディー地方をイメージした外観は、おとぎ話から抜け出してきたかのようだ。ディズニー初期のどのプロジェクトにも、しっくり調和する。

1920年代後半から1930年代にかけて、ウォルトやスタッフがたびたび昼食に訪れたことから「ディズニーの食堂」と呼ばれていた。常連のウォルトは、ボーイ全員の名前を覚えていたという。ここのメニューは、気取った高級レストランを敬遠していたウォルトの好みにぴったりで、例えば、ひきたての牛肉のパテをバンズではなく、バターを塗ったトーストで挟んだハンバーガーなどがあった。

今では「ディズニー・テーブル」を予約することができる。あるいは、ウォルトが信頼するアニメーターたちと食事をし、仕事をした「ブース35」を希望しよう。帽子を掛けたペグや、プライバシー保護のために引かれたカーテンは今も残っている。

右：ウォルトとイマジニアたちにとって、タム・オシャンターは単なる集合場所ではなかった。チューダー様式の建物は、ディズニー初期のおとぎ話のどれに登場しても違和感がない。

p.282-283：1932年創業のクリフトンズ・カフェテリアは、ウォルトのお気に入りだった。

　昼食と夕食は毎日、週末にはブランチも提供している。受付に飾られた２つの美術作品には、このレストランと代々のオーナーに対するウォルトの称賛が込められている。うち１つはディズニー・レジェンド、ジョン・ヘンチの作品である。ヘンチは世界中のパークおよび複数の映画に貢献したディズニー・ルネサンス期のアーティスト兼イマジニアで、ミッキーマウスの公式バースデーポートレートのアーティストでもあった。

ピンクズ・ホットドッグ

　ウォルトはハンバーガーと同じくらいホットドッグが好きだった。ミッキーマウスが発した最初の言葉は「ホットドッグ、ホットドッグ」。1929年『カーニバル・キッド』でのせりふ（声はウォルト）だ。ディズニーランドのゴミ箱の間隔はウォルトが実際に歩き、ホットドッグを食べ終わるまでの距離で決めたと言われている。包み紙がポイ捨てされないようにするためだ。1939年創業のピンクズ・ホットドッグで、ウォルトはいつも同じもの──シンプルなホットドッグとストロベリー・ソーダを注文していた。

スモーク・ハウス

　夕食は家族と家で。そう決めていたウォルトは、のちに娘たちが成長すると、妻リリアンと２人、テレビの前の折り畳み式テーブルで食べることが多くなった。時に思いきって出かけた高級料理店（チリが食べたいときのチェイスンズなど）のほとんどはなくなってしまったが、スモーク・ハウスは今も残っている。映画やテレビのスタジオに囲まれたこのクラブハウスは、重役にもスターにも裏方にも愛されている。スタジオから近いため、ウォルトもビジネスランチを楽しんでいたのだろう。赤い

283

左：高さ12メートルのセコイアスギが中央にそびえる店内に負けず、外装も魔法のようなクリフトンズ。

上：1946年にオープンしたスモーク・ハウスには、ウォルトだけでなくボブ・ホープ、ビング・クロスビーといった有名人も通った。

革張りのブース、セレブの写真が並ぶ壁、自慢のステーキとカクテルなど、当時と変わらぬ1940年代の空気を味わうことができる。

クリフトンズ・カフェテリア（現クリフトンズ・リパブリック）

　「クリフトン」とは、創業者の姓名、クリフォード・クリントンを合体して縮めた名称だ。開業は大恐慌のただ中の1931年。信心深いクリスチャンだったクリフォードは、店の外に"pay what you wish（お代はお気持ちで）"と書いたネオンサインを出していた。店内は、そびえ立つセコイアスギなど森をテーマにした装飾がキッチュな雰囲気をかもしだしていた。クリフォードが南太平洋への旅から戻ってからは、熱帯のジャングルがテーマとなった。ポリネシアの草葺き屋根、20分ごとに雨が降る演出。こうしたテーマダイニングが、ウォルトに［魅惑のチキルーム］を着想させたのかもしれない。

ディズニーランド・リゾートで

新たなる高みへ

トゥモローランド・スカイライン・ラウンジ・エクスペリエンス

「明日ってやつには、なかなか追いつけない」。ウォルトが残した名言だ。だが、彼は本気で追いつこうとしていた。

トゥモローランドは科学、宇宙、技術、交通の未来を描くエリアだ。1955年のディズニーランド開業時、トゥモローランドは完成からほど遠い状態だった。時間が足りず、何もない空間を仮設展示や近くの飲食店の椅子で埋めたが、至るところに空間が残っていた。

トゥモローランド・スカイライン・ラウンジ・エクスペリエンスは、元祖マジックキングダムの元トゥモローランド・エキスポ・センター、つまり［カルーセル・オブ・プログレス］があった場所で開催される。ディズニーランドの歴史に詳しくなくても、夜8時から10時にかけてのこの野外ラウンジはきっと好きになるはずだ。［バズ・ライトイヤーのアストロブラスター］や［スペース・マウンテン］の待ち時間に訪れて、楽しんでくるといい。このラウンジは出入り自由だ。

ディズニーでの1日は、ぜひ花火で締めくくりたい。そして、花火を見るなら、人混みより高いところに限る。ナイトショーの時間に園内にいれば、2階のバルコニーから息をのむほど素晴らしい眺めが見られる。

トゥモローランド・スカイライン・ラウンジ・エクスペリエンスには箱入りスナックとデザート盛り合わせが含まれ、熱い飲み物、冷たい飲み物も用意されている。つまり、口に運ぶものはすべてそろっている。くつろぎの時を過ごそう。

チキン・スターメザン・サンドイッチなどのおいしい夕食が待っている。息をのむようなディズニーランドの夜景を眺めながらどうぞ。

香港ディズニーランドで

飲茶を楽しもう

〈クリスタル・ロータス〉のおいしいディズニー点心

ディズニーが得意なのは、人の心の琴線に触れること。「心に触れる」という意味の「点心」をシェアする飲茶は、ディズニー・パークにふさわしい食体験と言えよう。点心は蒸したり揚げたりした小さな餃子や饅頭など、朝食やブランチに楽しむ中国伝統の軽食だ。タパスと同じく、テーブルのみんなで小皿に分けて食べる。お茶は、人と分かち合う文化の一部である。

香港ディズニーランド・ホテルの〈クリスタル・ロータス〉は、有名シェフ率いる受賞歴あるレストランで、パークに行かずとも足を運ぶ価値がある。木、火、土、金、水の5元素を表した装飾も素晴らしい。ここでは"隠れミッキー探し"ならぬ"店内に散りばめられた蓮の花探し"が楽しめる。

〈クリスタル・ロータス〉でしか体験できない魔法のようなメニューが、ディズニー点心だ。ディズニーとピクサーのキャラクターをモチーフに、料理長たちがキュートな点心を完成させた。ベイマックスまん、ミッキーのカブとタロイモの2層プリン、三匹の子ぶたのバーベキューまん、トイ・ストーリーのリトル・グリーンメンの野菜入り豚まん、小さなぬいぐるみ"ツムツム"の冷たいプリンなど、大人も子どもも喜ぶこと間違いなしだ。

この唯一無二の食を体験したかったら、週末は24時間前、平日は48時間前までに予約するほうがいい。

〈クリスタル・ロータス〉の装飾に圧倒されない人も、ディズニー・キャラクターの点心には完全にノックアウトされるはずだ。

さまざまなパークで

大人のディズニーを満喫しよう

「ディズニー・アダルト」という言葉をご存じだろうか。さまざまな意味で使われるが、大きくは「大人にならない！」というピーターパンの哲学を支持する大人を指す。ディズニーのバーへ"アダルト"しにいこう。

エプコット、ワールド・ショーケースのメキシコ館にある〈プラザ・デ・ロス・アミーゴス〉というショップの中に、**ラ・カバ・デル・テキーラ**というバーが"隠れて"いる。洞窟の中で200種以上のテキーラをそろえたこのバーでは、テキーラの飲み比べはもちろん、ビールや絶品マルガリータも楽しめる。最後は歴史的なウォーター・アトラクション、［三人の騎士のグラン・フィエスタ・ツアー］で締めくくろう。

ディズニーランド・パリの**レッドウッド・バー＆ラウンジ**は米国の国立公園にありそうなロッジ風の造りで、優雅にして無骨な趣だ。ヨセミテのアワニー・ホテルを連想させる大きな暖炉を中心に、心地よい空間が広がる。

ピクサーらしい内装の隠れ家**ランプライト・ラウンジ**は、ディズニー・カリフォルニア・アドベンチャーにある。過去の作品と関連したコンセプトアート、記念品、メニューなど、ピクサー・ファンにはたまらない空間だ。主役は「予算オーバー」「続編」といった絶妙なネーミングのカクテルと、素晴らしい眺めである。

東京ディズニーシーの**テディ・ルーズヴェルト・ラウンジ**では、第26代大統領のスピリットに包まれる。堅材の床、磨き上げた真ちゅう、革張りのクラブチェア、彫刻の熊、厚表紙の本が並ぶ書棚、歴史を感じさせる記念品など、豪華かつ愛国的だ。テディを気取ってミントジュレップを飲みたい。

ウォルト・ディズニー・ワールド・リゾート、ディズニーランド・リゾートで

冒険の渇きを癒やそう

スター・ウォーズ：ギャラクシーズ・エッジの〈オーガのカンティーナ〉

犯罪組織を仕切るオーガ・ガラの正体は謎のままでも、スター・ウォーズ・ギャラクシーズ・エッジの〈オーガのカンティーナ〉には誰でも行ける。はるか彼方の銀河まで旅する必要すらない。惑星バトゥーの前哨基地で楽しもう。ディズニーランド・リゾートとウォルト・ディズニー・ワールドの両方で営業している。

　言っておくが、かの"女主人"を見つけようなどとは思わないのが身のためだ。ここには、はみ出し者、賞金稼ぎ、密輸業者、悪徳商人など、正体を知られたくない連中が集まっている。他人には干渉せず、オーガのカクテルを楽しむことだ。銀河中から仕入れた材料を使い、「ジェダイ・マインド・トリック」や「アウター・リム」、エンドア土産のマグに入った「ヤブ・ナブ」などのカクテルをつくってくれる。ビールは「バッド・モチベーターIPA」や「ホワイト・ワンパ・エール」、ノンアルコールなら「ハイパードライブ・ジャバ・ジュース」「ブルー・バンサ」などがある。つまみにはカリッとスパイシーな「バトゥー・ビッツ」がいい。スタースピーダー3000のパイロットからDJに転身したR-3Xが、バトゥーのビートを刻んでくれる。給仕担当者をつかまえて、特別メニューや裏メニューはないか尋ねてみよう。

　〈オーガのカンティーナ〉の決まりは厳しいが、ハン・ソロがおじけづくわけにいかなかったように、あなたもひるんではならない。利用にあたっては、事前予約が強く推奨される。14歳以上の同席が必要であり、滞在は45分まで。注文は1人につき2杯が上限だ。

　石の塔があなたをとどまらせんことを……。

〈オーガのカンティーナ〉で1杯やろう。ドロイドR-3XのDJ姿も見ものだ。

ディズニー・アニマルキングダムで

〈ティフィンズ〉まで足を延ばそう

探検家気分が味わえる〈ノマド・ラウンジ〉

ディズニー・アニマルキングダムの〈ティフィンズ〉は、自然と冒険をテーマとした各国料理を 2016 年から提供している。中には 3 つのダイニングルームがあり、いずれもこのテーマパーク建設のためにイマジニアたちが旅した世界を映し出している。最大のダイニングルームは、動物保護活動およびディズニー・コンサベーション・ファンドが保護に取り組む野生動物に捧げられている。『トゥルーライフ・アドベンチャーズ』シリーズ（1948～60 年）を後世に残したウォルトの、生涯にわたる動物愛の延長とも言える空間だ。残り 2 つにはアジアとアフリカの美術工芸品が展示されている。

〈ノマド・ラウンジ〉は、テーマパークとはひと味違う冒険を提供する。その存在自体がオアシスと呼ぶにふさわしく、さまよえる旅人を引き寄せずにはおかない。しかも、示唆に富み、双方向性がある。円形の大広間では、世界旅行に関する問いや教訓が提示され、カクテルをすすりながら対話を楽しむことができる。以下に問いと答えの例をいくつか紹介する。

「ほかの旅人に伝えたい知恵は？」「文化に敬意を尽くすこと。ほかの人にとってはごく普通なことが、あなたにとってはそうでない場合もある」

「旅行中はいつも何をする？」「目を大きく開け、耳をそばだて、ただ浴びるように吸収する」

「一番驚いた発見は？」「いざとなれば自分の足で立てるということ。1 人でよその国へ行けるということ」

誤字にはあらず

Tiffins という店名を見ると、Tiffin's のアポストロフィが抜けているのではないかと思いがちだが、決して誤字ではない。「ティフィン」は人名ではなく、弁当箱や昼食を意味するインド英語なのだ。というわけで、店名の由来はインドの労働者向けの軽食と、それを詰めた 2 段式弁当箱である。

右：ディズニー・アニマルキングダムを流れる穏やかな川を眺めながら、〈ティフィンズ〉のポーチでトロピカルドリンクをどうぞ。

p.296-297：〈ノマド・ラウンジ〉では、食事だけでなく探検隊気分も味わえる。

　こうした質問と回答は壁に書かれているものだが、キャストから「My True Tale of Adventure（我が冒険の真実の物語）」カードを購入して自分で書き込めば、誰でも知恵と洞察を発信することができる。カードの代金は、全額ディズニー・コンサベーション・ファンドに寄付される。記入したカードは「タグ・シャンデリア」に飾られるか、または掲示板に貼り出されるので、誰でも自由に閲覧できる。

　もちろん、ここは充電のための場所だから、屋内と屋外には〈ティフィンズ〉よりも気楽な席が設けられ、アジアやアフリカやラテンアメリカの小皿料理と、ワイン、ビールを味わえる。ぜひとも試したいカクテルは、「スノー・レパード・サルベーション」だ。売り上げの一部がユキヒョウ保護のために寄付される。また、「ジェンズ・タトゥー」はディズニー・アニマルキングダムに携わったイマジニア、ジェン・ガースティンにちなんだカクテルだ。ジェンが2005年、［エクスペディション・エベレスト］のための調査で東アジアの僧院を訪ねたとき、初めて入れるタトゥーの図柄（チベット仏教のスノー・ライオン）を思いついたことに由来している。

その瞬間をスケッチする

「どこへ旅行するときも、スケッチブックは忘れません」と元イマジニア、ジョー・ロードは言う。「とても面白いことに、スケッチをすると記憶に残りやすく……（中略）スケッチをするときは、それまでしていたことをやめ、描く対象を本当の意味でじっくり見ますよね。そうすると心が開き、記憶に残る。スケッチしている瞬間を、ありありと思い出せるようになるのです」。ジョーのスケッチの一部をディズニー・アニマルキングダムの〈ティフィンズ〉で見ることができる。

ディズニーランド・リゾートで

すべての始まりのレストランへ行こう

完全没入型食体験の原点、〈ブルーバイユー〉

ディズニー・パークには数え切れないレストランがある。ウォルト・ディズニー・ワールド・リゾートの〈サイファイ・ダインイン・シアターレストラン〉〈コロンビア・ハーバーハウス〉〈タスカーハウス・レストラン〉、ディズニー・カリフォルニア・アドベンチャー・パークの〈フローのV8カフェ〉、ディズニーランド・パリの〈ビストロ・シェ・レミー〉、東京ディズニーシーの〈マゼランズ〉、上海ディズニーランドの〈ラプンツェル・ツリー・タバン〉、香港ディズニーランドの〈エクスプローラーズ・クラブ・レストラン〉……。だが、完全没入型レストランの水準を定めたのは、永遠の夜を演出したディズニーランドの〈ブルーバイユー〉(「青い入り江」の意)だ。

第一子には何かがあると言うが、そのとおり〈ブルーバイユー〉は今でも業界の手本となっている。ウォルトとイマジニアたちは早くも1961年に「永遠の宵にあるレストラン」というコンセプトについて議論していた。

[カリブの海賊]のテーマ曲「ヨーホー(海賊の暮らし)」を作曲したディズニー・レジェンド、X・アテンシオが、ミシシッピ川流域の入り江の音と、ニューオーリンズ伝統のジャズをブレンドした音楽を提案した。「カエルの鳴き声にコオロギの声が加わり、ビートが始まる(のが聞こえた)」と、アテンシオは語っている。「さらに鳥や動物、そして時に楽器も加わってビートが広がり、やがてジャズのメロディを奏で始める」。数バージョン録音されたものの、使われることはなかったが、コオロギとカエルは背景に使われた。

ディズニー・レジェンドのディック・ヌニスによると、ウォルトが内覧会後に「このレストランでは食べ物こそがショーだ。雰囲気も込みで」と言い、計画していたエンター

右:ケイジャン料理とクレオール料理を提供する〈ブルーバイユー〉。

p.300-301:デザート用のおなかを空けておくこと。チョコレートとヘーゼルナッツの8層ケーキなどいかが?

テインメントはすべてやめると決断したという。ウォルトが下した大きな英断は、それだけではなかった。ニューオーリンズ・スクエアが完成した1966年、レストランは開業できる状態だったが、アトラクション［カリブの海賊］の準備が間に合わず、「海賊のボートがそばを通らないショーはダメだ」と開業を許可しなかったのだ。その結果、ウォルトはこの革新的レストランを目にすることなく、1967年のオープンを前にこの世を去った。

　ウォルトの望みは、ニューオーリンズに息づくフランス料理とスペイン料理の伝統を尊重することだった。〈ブルーバイユー〉はクレオール料理とケイジャン料理の専門店だが、花形メニューは「モンテ・クリスト・サンドイッチ」だ。フランスのクロックムッシュの親戚であり、南カリフォルニアで生まれたとされている。三日月の街（ニューオーリンズの愛称）の料理ではないかもしれないが、今も大人気だ。

　〈ブルーバイユー〉はディズニーランドで初めて予約制を取り入れたレストランでもある。ただし、電話での予約はできなかった。当日直接行って予約しなければならず、開園と同時に猛ダッシュするゲストの姿がしばしば見られた。

　ありがたいことに今はオンラインで予約することもできる。

伝説のレストラン

ディズニー・レジェンドのジム・コーラによれば、東京ディズニーランドの建設にあたり、日本の関係者は"本物のアメリカ"を望んだという。カリフォルニアのディズニーランドとそっくり同じ体験を日本で再現することにこだわったのだ。その意向を受けて1983年、東京ディズニーランドに米国料理を提供する〈ブルーバイユー〉が誕生した。

さまざまなパークで

秘密クラブの VIPになろう

〈クラブ33〉での特別な食体験

誰もが欲しているが、滅多なことでは体験できないもの。豊かな歴史を持ち、謎めいた策謀の匂いがして、グルメを唸らせる料理とワインが楽しめるところ。それが〈クラブ33〉――さほど秘密のない秘密クラブだ。

〈クラブ33〉の誕生は、1960年代のディズニーランドまで遡る。メインストリートUSAのアパートが手狭になったウォルトは、ニューオーリンズ・スクエアに新しい部屋を構え、その隣にプライベートクラブを開設しようと思いついた。1964～65年のニューヨーク万博で訪れたプライベートラウンジに触発されたアイデアで、高官やVIP、そして、将来のプロジェクト（主にウォルト・ディズニー・ワールド）のスポンサー候補をもてなす拠点とすることが目的だった。同時に、プライベートな食事の場も計画していた。男くさいモチーフや、友人がくれた狩猟のトロフィーなどを飾った「トロフィー・ルーム」だ。ウォルトは壁にオーディオ・アニマトロニクスのハゲタカを飾り、遊び心でゲストと会話できるマイクをシャンデリアに隠した。キャストが隣の部屋で客の会話を聞き、ハゲタカの声で口を挟むという仕掛けだった。例えば、ゲストが「お昼は何を食べようかな」と言えば、ハゲタカが「トマトスープにしろ！」と答える。この企画は実現しなかったが、ハゲタカは今も大きな振り子時計にとまり、来客たちに挨拶している。〈クラブ33〉に優雅さを求めたウォルトは、布ナプキン、高級な磁器の皿、正統派米国料理にこだわった。残念ながらクラブがオープンする1967年を待つことなくこの世を去り、祝杯を挙げることはできなかった。

〈クラブ33〉は会員制クラブとしてディズニーランド・リゾート全体に広がったが、その真髄は今もここ、ニューオーリンズ・スクエアにある。ゲストは曲がりくねった通りの

ウォルトに乾杯

招待状がなくても会員でなくても、ウォルトに乾杯することはできる。どのバーでもいいが、ディズニーのパーク、リゾート、クルーズ船内のバーなら申し分ない。ウォルトのお気に入りのカクテルはスコッチ・ミスト、いわば"大人のかき氷"である。必要なのはクラッシュアイスと、ウォルトの愛したウィスキーの銘柄、ブラック＆ホワイトまたはカナディアン・クラブだけだ。

右：ディズニーのパークとリゾートにある〈クラブ33〉に入れるのは会員（と同伴者）だけだ。
p.304-305：コート・オブ・エンジェルズから階段を上がっていくと、ディズニーランドの〈クラブ33〉の入り口がある。

302　CHAPTER 4　ビー・アワ・ゲスト　グルメ

上でアメリカ河を見下ろしながら、世界の料理からインスピレーションを得た季節の品々を、認定ソムリエが勧めるワインとともに味わう。また、別室のラウンジでは、生演奏やカジュアルな食事、手作りのカクテルが楽しめる。

　2012年、〈クラブ33〉の延長としてディズニー・カリフォルニア・アドベンチャーに〈1901ラウンジ〉が登場した。1901はウォルトの生まれた年だ。インテリアは、ウォルトがアニメーターたちと活動していた初期の時代をイメージし、記念の品がぎっしり飾られている。

　こうした伝説のプライベートクラブは、マジックキングダム、エプコット、ディズニー・ハリウッド・スタジオ、ディズニー・アニマルキングダムにも存在し、それぞれウォルト・ディズニーとリリアンの世界旅行をテーマにしている。

　東京ディズニーランドと上海ディズニーランド・パークにも〈クラブ33〉がある。アドベンチャー・バイ・ディズニーのツアーで中国を訪れるなら、上海の〈クラブ33〉をのぞくチャンスがあるかもしれない。

　非会員が利用するには、会員に同行するか、代わりに予約を取ってもらう必要があるが、その日が来るのを待つだけの価値はある。幸運を！

伝説のおもてなし

「一緒に働いた者は気づいていましたが、ウォルトは人間が好きでした」。そう語るのはディズニー・レジェンドのブレイン・ギブソンだ。「あるとき、業者が〈ブルーバイユー〉で使う予定の椅子を持ってくると……（中略）ウォルトが入ってきて、その1つに腰を下ろし、それから周囲を見渡して言ったんです。『この椅子はダメだ。女性のスカートが引っ掛かる！』ってね。自分の好きなようにやる人でしたが、みんなにハッピーになってほしかったんですね」

エプコットで

農業の歴史と
未来をのぞこう

自給自足の舞台裏がわかる［リビング・ウィズ・ザ・ランド］

エプコット（EPCOT）は、「実験的未来都市」を意味するExperimental Prototype Community of Tomorrowを縮めた名称だ。ウォルトの夢は自立した都市を構築することだった。ディズニー・レジェンド、マーティ・スクラーの言葉を聞けば、ウォルトの描いた未来がどのように実現されたか、自然保護運動が広がる何十年も前の1980年代に、ウォルト・ディズニー・ワールドがいかに時代を先取っていたかがわかる。「私はランドとリビング・シーが最もエプコットらしいパビリオンだと思っています。この2つには、実際に生命が息づいていますからね。ランドでは食物の新しい栽培方法が実演されていて、それこそがウォルトのやろうとしていたことです」

［リビング・ウィズ・ザ・ランド］は、ウォルトのレガシーの承継と補完を目指したアトラクションだ。穏やかなクルーズで農業の歴史を簡潔にたどることができる。果物や野菜を栽培し、魚を養殖している生きた研究所と、その注意深く管理された生態系を見ながら、屋根付きのボートで進んでいく。バイオテクノロジー研究所の大きな窓の向こうでは、エプコットの科学者と米国農務省が共同で、地球全体を養えるだけの収穫をもたらす革新的な技術を探っている。入念に準備された展示を通じて、大地とともに生きていく責任について考えさせられるアトラクションだ。しかも、大人だけでなく子どもも楽しめる。

もちろんすべては"ショー"なのだが、ショーのためだけに存在しているのではない。ランドで生産された新鮮な食材は、エプコット内のレストランで使われる。ウォルト・ディズニー・ワールドの複数のレストランが用いる魚の量は、年に2300キログラム近

右：［リビング・ウィズ・ザ・ランド］のボートから、サステナブルな農業に対するディズニーの取り組みを見よう。

p.309-309：温室で育てているものは［リビング・ウィズ・ザ・ランド］の一部であると同時に、エプコット内のレストランで実際に使う食材でもある。

くになる。

　冬のエプコット・フェスティバル・オブ・ザ・ホリデー期間中に訪れれば、［リビング・ウィズ・ザ・ランド］の別の顔が見られる。「グリマリング・グリーンハウス（ちらちら光る温室）」とも呼ばれるオーバーレイが施され、色とりどりの照明と心躍る装飾に彩られる。夜になると、さらなる魔法がかかる。特大のオーナメント、電飾がまたたくトレリス、トナカイに扮したミッキーにきっと目を丸くするだろう。

　もう1つ、見逃せないアトラクションが、『オーサム・プラネット』（2020年）だ。ドラマ『モダン・ファミリー』のタイ・バーレルがナレーションを務める映画で、10分の短編だが、『ディズニーネイチャー』シリーズの壮大で美しい地球の姿など、学びと情報に満ちている。また、実際の行動を促すべく、ディズニー・コンサベーション・ファンドと提携し、地球の生命の物語とそれを守ることの重要性を、さまざまな演出（風、香り、水など）を通じて伝える。

　ウォルト・ディズニー・ワールドが見据えているのは、エプコットやこのリゾートだけではなく、母なる地球だ。ランドのパビリオンは、その一例にすぎない。

ベジ・ベジ・フルーツ・フルーツ

ランドのパビリオンには昔、果物と野菜が歌うアトラクションがあった。1982年にスタートした［キッチン・キャバレー］だ。4つの食品群ごとにオーディオ・アニマトロニクスのフィギュア、"味のあるパフォーマー"が登場する。この愛すべきアトラクションから、野菜のぬいぐるみという画期的なグッズも生まれた。10年後に［フード・ロックス］が登場し、ポリスの「エブリ・ブレス・ユー・テイク（見つめていたい）」のパロディで冷蔵庫ポリスが歌う「エブリ・バイト・ユー・テイク」などを披露した。だが、生鮮食品だけに、長持ちはしなかった。2004年に終了し、新アトラクション［ソアリン］が始まった。

ウォルトゆかりの地

アメリカン・レストラン〈ウォルツ〉

ウォルトがパリを敬愛していたことを思うと、ディズニーランド・パリに彼の名を冠したレストランがあることは感慨深い。

質素な境遇で育ったウォルトは簡素な食事を好んだ。ヨーロッパへ出張する際は、ウィンナーソーセージ、スパム、クラッカー、V8野菜ジュースなど食べ慣れた食品を前もって送っておくことが多かった。1964～65年のニューヨーク万博を訪れ、昼食にロブスターのサラダが出されたときのことだ。会議が終わると、ウォルトはチームメンバーに言った。「今のランチはちょっと残念だったな。チーズバーガーとチョコレート・シェイクを食べにいこう」

ディズニーランド・パリにあるこの優雅なレストランは、あえて〈クラブ33〉（p.302参照）を思わせる造りになっている。階下のエレベーターはディズニーランドにあるものとそっくりで、扉に「WD」の文字が見える（店内にもたくさんある）。また、ウォルトをしのぶレストランにふさわしく、子ども時代を過ごしたミズーリ州マーセリーンから、ミッキーマウスや『白雪姫』（1937年）まで、あらゆる写真が飾られている。ディズニーランド・パリの6つのエリアをテーマとした店内では、チリ・コン・カルネやウォルドーフ・サラダなどの洗練されたアメリカ料理に加え、ウォルトの好物も提供される。何から何まで、ウォルトの人生と功績を称える空間となっている。

なかでも注目すべきは、ディズニー家の料理人を30年務めたテルマ・パール・ハワードの名を冠したメニューだ。ウォルトは彼女を「メリー・ポピンズ」と呼んでいた。メニューの中にある彼女のジャガイモ料理を探してみよう。

ウォルトの気持ちになりきって飲むなら、料理のおともにスコッチ・ミスト（p.302参照）を頼もう。ウォルトのお気に入りのカクテルだ。

ディズニーランド・パリでアメリカの味が恋しくなったときは〈ウォルツ〉へ。慣れ親しんだ味が待っている。

さまざまなパークで

年に一度の
新月を祝おう

ディズニー流のルナ・ニューイヤー

ルナ・ニューイヤー（旧正月）を祝うディズニー・パークは3つある。香港ディズニーランド、上海ディズニーランド、そしてディズニー・カリフォルニア・アドベンチャー・パークだ。毎年1月と2月に行われるこの催事は「スプリング・フェスティバル（春節）」とも呼ばれる。太陰暦の十二支は12年で一巡するが、ディズニーの干支はいつも子年、すなわちミッキーの年だ。

ディズニーでは中国、韓国、ベトナムの伝統に敬意を表し、幸運と幸福を象徴する赤と金の飾り、記念グッズ、わくわくするような演芸やパレードで春節を祝う。

アジア系フードは、提灯ウーピーパイ、烏龍ドーナッツといったスイーツから、ミッキーの中華風ホットドッグバン、インポッシブル・ブランドのライオンズ・ヘッド・ミートボールまで幅広くそろっている。

ディズニー流の捻りを加えたものもあれば正統派もあるが、味はどれも抜群だ。また、アルコールおよびノンアルコール飲料として、ダンシング・ファイヤークラッカー、グリーンティー・スラッシュといった春節限定商品が登場する。

ディズニー・カリフォルニア・アドベンチャーには、食い道楽に徹したい人のために、8枚のクーポンがついたシップ＆セイバー・パスがある。香港ディズニーランドでは各ホテルが旧正月を祝い、〈クリスタル・ロータス〉〈ドラゴン・ウィンド〉〈ワールド・オブ・カラー〉〈チャート・ルーム〉などのレストランで特別メニューを用意する。

幸運を願って

ルナ・ニューイヤーの期間中、上海ディズニーランドのガーデン・オブ・トゥエルブ・フレンズは、ニュー・イヤー・ウィッシング・ガーデンに変身する。良い年となるよう祈りを込めて、新年の抱負を書いた特別なカードをつるそう。

カリフォルニア・アドベンチャー・パークでも、願いごとを書いたミッキーのカードをつるし、ルナ・ニューイヤーを祝う。

さまざまなパークで

ディズニーならではの食体験を

パークでこのお菓子を食べないなんてあり得ない

ディズニーのパークに着いて真っ先に交わされる質問は、「何食べたい?」ではないだろうか。「I'm just here for the snacks（スナックのためにここにいる）」と書かれたTシャツが人気なことからも、食がいかに大きな比重を占めているかがわかる。ホットドッグ、ハンバーガー、ポップコーンは基本中の基本。そこから大きく進化した素晴らしい食体験を、「ディズニーでやることリスト」に加えよう。（休暇中はカロリー計算なんかしませんよね?）

1976年、青果でおなじみのドール社がディズニーランドの［ウォルト・ディズニーの魅惑のチキルーム］のスポンサーになった。最初は串に刺した生のパイナップルと、パイナップル・ジュースだけだったが、1983年に無脂肪・乳成分不使用・グルテンフリーのパイナップル・クリーム「ドールホイップ」がウォルト・ディズニー・ワールドに登場した。その後、ドールホイップは各地のパークやリゾートに進出し、フレーバーもライム、マンゴー、オレンジ、ラズベリー、ストロベリー、ココナッツ、スイカ、さらには秋限定の「パンプキン・スパイス・ドールホイップ」と、充実していった。渦巻き状のソフトクリーム、フロート、ラム酒をかけた大人バージョンもある。7月19日はドールホイップ・デーだ。

チュロスが初めて登場したのは1985年だ。ディズニーランドのマークトウェイン号の降り口近くでテスト販売された。運命のその日、100個限定だったのだが、フロンティアランド内の販売車をゲストが追いかけるようにして、売り切れた。フレーバー、色、食感、ソースなどのバリエーションが増えたのは10年以上経ってからだ。チュロスは今も多くの人に愛され、SNSをにぎわしている。

右：甘さと塩味の競演! マジックキングダムで〈メインストリート・ベーカリー〉のシュガー・ラッシュ・プレッツェルにかぶりつこう。

p.316-317：ディズニー・ビーチ・クラブ・リゾートにあるレトロな〈ビーチ＆クリームソーダ・ショップ〉の名物サンデー、「キッチン・シンク」。アイスクリーム8スクープ分と全種類のトッピングがのっている。おなかを空かせて挑戦しよう。

　肉食向けグルメも忘れるべからず。ヒッコリー材でいぶしたスモーク・ターキー・レッグは1980年代後半、ウォルト・ディズニー・ワールドでひっそりと誕生した。それが2010年には定番化して、大ヒット商品となった。1本がなんと0.7キログラムもあり、"持ち手"がついているので、シェアするのに最適だ。あなたの内なる原始人、フレッド・フリントストーンは独り占めしたがるかもしれないが。

　信じがたいことだが、ミッキーマウス形のチョコレートがけ棒アイスが完成するまでには、ほぼ40年もの歳月を要した。長方形や楕円形のバニラバーが登場し、ミッキーの耳だけにチョコレートをかけたりしていたが、やがてついに、すべての始まりであるネズミに技術が追いついた。そして1992年、ネスレ社の「ミッキーのプレミアム・アイスクリーム・バー」が誕生した。

　ハワイで人気のデザートといえば、かき氷だ。アウラニ・リゾートのプールサイドにある〈パパルア・シェイブ・アイス〉というスタンドでは、注文どおりにかき氷をカスタマイズしてくれる。マンゴー、パイナップル、ココナッツ、パッションフルーツ、オレンジ、グァバなどから、好きなフレーバーを選んだら、お好みで練乳やアイスクリームをかけてもらおう。冷たくて、おいしくて、これぞハワイという味が完成する。ついでにミッキーの形にしてもらう

選ばれしコーンドッグ

ディズニーランドのプラザ・インの外で営業する〈リトル・レッド・ワゴン〉は、かつてその地にあった〈スウィフトのレッド・ワゴン・イン〉というレストランへのオマージュだ。そして、ディズニーランドで最高のコーンドッグ（アメリカンドッグ）を出すカートである。パークのほかの店では、同じ油でほかのものも揚げているが、リトル・レッドはコーンドッグしかつくっていないからだ。

左：ディズニーを象徴する3つを収めた写真。ダンボのアトラクションと、大好きなチュロスと、ミッキーのアイスクリーム！

上：ディズニー・カリフォルニア・アドベンチャーの〈アワード・ウィナーズ〉が提供する正統派のコーンドッグ。

くらい、何ということない。

　アイスクリームが恋しくなった人は、ウォルト・ディズニー・ワールドのディズニー・ビーチクラブ・リゾートにある〈ビーチ＆クリームソーダ・ショップ〉へ向かおう。たいてい店の外まで並んでいるが、待つ価値はある。ここでは毎日がサンデー（日曜日ではないほうの）なのだ。コーン、シェイク、モルト（麦芽、牛乳、アイスクリームなどを混ぜたドリンク）、それから優に4人分はあるキッチン・シンクも注文できる。

　プレッツェルとミッキーマウスは、チップとデールのように相性抜群。ミッキーの頭の形をしたこの定番スナックは、何十年も変わらぬ支持を得ている。チーズかマスタードをつけたオリジナルの柔らかいプレッツェルが一番という声もあるが、冒険を求めるならクリームチーズ入り、ハラペーニョチーズ入り、シナモン味、バイエルン風、さらにはチョコレート味も試したい。

　このほかにもたくさんの選択肢がある。選ぶのが難しい？　わくわくする新商品を逃したくない？　季節限定商品が気になる？　そんな人はDisney Parks Blogの「Foodie Guides」をチェックしよう。

319

魔法がいっぱい

遊び心あふれる
フードの数々

デ ィズニー・パークの食の魅力は、1955年にウォルトが発した言葉に尽きる。「食も娯楽と同じくらい素晴らしい」。それから60年以上の時を経て、ディズニーの食体験はかつてないほど充実している。食べるためだけに来園する食通も少なくないほどだ。そして、今食べているものの写真を世界に向けて発信するのだ。ブログ、ホームページ、SNSにはディズニーのフードがあふれている。友達やインフルエンサー、ハッシュタグを追っていけば、新メニュー、限定商品、年間パスポート割引、やみつき間違いなしの品が見つかる。隠れたメニューを発掘するのに最適の情報源かもしれない。

A：マジックキングダムのターキー・レッグの人気は不動だ。原始人になった気分でかぶりつこう。**B**：アウラニ・リゾートでは、ミッキーのディップド・ライスクリスピーが外せない。**C**：アウラニ・リゾートでは、ミッキー形のかき氷をリクエストできる。**D**：東京ディズニーランドで必ず行きたい〈キャンプ・ウッドチャック・キッチン〉。おすすめはミッキーみたいな牛カルビおにぎりサンド。**E**：マジックキングダムのアドベンチャーランドにある〈エッグロール・ワゴン〉では、ピザ味、チーズバーガー味の春巻きが食べられる。**F**：スター・ウォーズ：ギャラクシーズ・エッジでは〈ロント・ロースター〉に行こう。グリルソーセージやローストポークなどが入ったロント・ラップが大人気だ。**G**：誰もが知っているネスレ社「ミッキーのプレミアム・アイスクリーム・バー」は1992年に誕生した。**H**：ディズニーの各パークで愛され続けるドールホイップ。マジックキングダムにある〈サンシャイン・ツリー・テラス〉のアイ・ラバ・ユー・フロートなどバリエーションも豊富だ。

B

C

E

F

G

H

A：スター・ウォーズ：ギャラクシーズ・エッジ（ディズニー・ハリウッド・スタジオ）にある〈キャット・サカのケトル〉のポップコーン。おすすめはアウトポスト・ミックスだ。**B**：ディズニー・スプリングスにある〈ガナシェリー〉のエイリアン・ピニャータ。チョコレートの中に何が入っているか木槌で割って確かめよう。**C**：『ラーヤと龍の王国』（2021年）をイメージしたアニマルキングダムのマイティー・ミスト・ソフト・サーブ。**D**：ダッフィーとシェリーメイは食べ物になってもかわいい。香港ディズニーランドの〈メインストリート・コーナー・カフェ〉のおにぎり弁当。**E**：ディズニー・ポリネシアン・ビレッジ・リゾートの〈パイナップル・ラナイ〉で、強そうなヨーダ・コーンを。**F**：ディズニー・カリフォルニア・アドベンチャーの〈ランプライト・ラウンジ〉のブラウニーとアイスクリーム。退廃的なおいしさながら100％植物性。**G**：ディズニー・カリフォルニア・アドベンチャーで必ず食べたい〈コーンドッグ・キャッスル〉のスパイシー・ペッパー・ジャック・ドッグ。**H**：マジックキングダムの〈トニーズ・タウンスクエア・レストラン〉のミートボールスパゲティ。『わんわん物語』（1957年）のような甘いひとときを。**I**：ディズニー・スプリングスのフードトラック〈クッキー・ドゥ〉のタコスはアイスクリームがたっぷり。**J**：[スター・ウォーズ：ギャラクティック・スタークルーザー]で異世界のシュリンプカクテルを。

すべてのメニューは変更される可能性がある。多くは期間限定だ。

エプコットで

おいしい打ち上げを!

想像を超える〈スペース220〉の宇宙食ディナー

いずれ民間宇宙旅行の時代が訪れることを、ウォルトは1960年代に予言していた。それまでの代用として、ディズニーランドでシミュレーションを体験できる［ロケット・トゥ・ザ・ムーン］をつくったのだ。「ロケットで宇宙に行けるようになるまで何年も待たなければならないでしょうが、それまでは次善の策を楽しもうではないですか」とウォルトは言った。「多くの人が生きているうちに実現するかもしれない宇宙旅行の、スリルあふれる先取りです」

ウォルトの宇宙旅行に対する情熱へのオマージュとして実現したのが、〈スペース220〉というレストランだ。場所はもちろんエプコットのワールド・ディスカバリー。宇宙飛行士を疑似体験できるアトラクション、［ミッション：スペース］に隣接している。

クルーに案内され、スペース・エレベーターに乗った瞬間から冒険が始まる。打ち上げられ、足元の窓から、エプコット、フロリダ、東海岸と、遠ざかっていく美しい地球が昼夜問わず見える。

ケンタウルス宇宙ステーションに到着すると、グローゾーンの先にある座席へ案内される。グローゾーンは料理に使う新鮮な食材を育てている壁で、回転させることで地球と同じ重力を生じさせている。多層構造のダイニングルームには180度見渡せる窓があり、宇宙に浮かぶ美しい地球を354キロメートルの上空から眺められる。形も大きさもさまざまな宇宙船が行き交い、旅行客が宇宙遊泳を楽しみ、子どもたちが無重力の中で遊び、作業員が宇宙ステーションの拡張用資材を引き上げている。

ここで提供されるのは、ブルームーン・カリフラワー、スターリー・カラマリ、スロー・ローテーション・ショートリブなどを使った料理だ。異世界での晩餐を楽しもう。

宇宙飛行士の訓練を受けなくても、宇宙でのディナーを体験できる。

ディズニーランド・パリで

パリのパフェを味わおう

〈ビストロ・シェ・レミー〉の本格フレンチ

「食べ物は体をつくると言われるからには、僕はいいものしか食べたくない」
──レミー。

2007年のディズニー&ピクサー映画から生まれたアトラクション──それが2014年にオープンした［レミーのおいしいレストラン・アドベンチャー］だ。ネズミの大きさになってキッチンを走り回る4Dアドベンチャーだが、そこはただのキッチンではない。パリの有名レストラン、グストーの厨房なのだ。

併設する〈ビストロ・シェ・レミー〉は、我らがネズミのシェフが、同僚のリングイネとエミール、そして師のグストーとともに高級レストランをオープンさせた、という設定の没入型レストランだ。ここではジャムの瓶の蓋をテーブルに、シャンパンのコルクを椅子にして食事をする。絵皿も、瓶の栓も、銀食器も、カクテルに飾る傘も、すべてがネズミの目から見た大きさにつくられている。

メニューは2～3品からなる本格的フレンチのコース料理だ。フランスでは前菜を「アントレ」と呼び、鶏肉のリエット、鴨肉のパイ包み焼きなどが王道である。メインディッシュを意味する「プラッツ」は、魚や牛肉などを伝統的調理法で仕上げる。菜食主義者のためにはズッキーニ・スープやリングイネを用意している。

そして、もちろんラタトゥイユもある。映画に登場するラタトゥイユのレシピは、カリフォルニアの三つ星レストラン「フレンチ・ランドリー」の米国人シェフ、トーマス・ケラーが特別に考案したものだ。辛口批評家アントン・エゴ同様、あなたも舌を巻くだろう。

フレンチの締めくくりの定番チーズから、タルトタタン、チョコレートムース（マウスではなく！）まで、デザートも多彩だ。

ようこそレミーのレストランへ。どうぞ召し上がれ。

〈ビストロ・シェ・レミー〉の内装は特大サイズ。ネズミの大きさになった錯覚に包まれる。

ディズニー・グランド・フロリディアン・リゾート&スパで

王と女王にふさわしい 料理を堪能しよう

〈ビクトリア&アルバート〉のシェフズテーブル

まるで野球のワールドシリーズをバックネット裏から見るような、あるいは、今をときめくブロードウェイの舞台をオーケストラボックスで観賞するような感覚。ただし、主役は高級料理とワインだ。

ディズニー・グランド・フロリディアン・リゾート&スパの〈ビクトリア&アルバート〉は、ウォルト・ディズニー・ワールド・リゾート屈指の高級レストランである。そして、毎晩、幸運な1組（最大8名）だけが厨房の中のシェフズテーブルへ招かれる。

シェフズテーブルの冒険は、シェフを交えたシャンパンの乾杯から始まる。それから背を椅子にゆったりと預け、"食のライド"に身を任せる。唯一無二のデギュスタシオン（シェフの技術や創造性に焦点を当てた料理が少しずつコースで提供される）は、多いときで11品。すべて旬の味を生かした料理だ。キャビア、メイン州のロブスター、和牛など高級食材を堪能しよう。

3時間に及ぶ宴の間、料理とその背景に関する解説も聞ける。ここはショーの最前列なのだ。厨房の仕事ぶりを間近で眺め、客席に運ぶ料理を準備するシェフたちのシンフォニーに浸るひとときに、どんな食通も顔を輝かせることだろう。料理とワインの完璧なペアリングのため、ソムリエも控えている。

〈ビクトリア&アルバート〉は、『フォーブス・トラベルガイド』の五つ星、『ワイン・スペクテーター』誌のベスト・オブ・アワード・オブ・エクセレンス、ダイヤモンド・アワードのAAAファイブ・ダイヤモンドなど、数々の栄えある賞を獲得している。まさに最高峰の高級レストランだ。その格式と雰囲気を守るためにも、ドレスコードを厳守すること。

忙しく立ち働くシェフたちを見守りながら、おいしい料理に舌鼓を打とう。写真は「スモーク・バッファロー、ビーツとヤシの新芽とフロリダ・オレンジのビネグレット・サラダ添え」

さまざまなパークで

ポップコーンを
とことん楽しもう

「いつかやること」リストに加えたい冒険

デ ィズニーランドでポップコーン・カートの前を通るとき、あるいはポップコーンを注文するとき、あなたは気づいているだろうか。（見せかけだけの）蒸気ポンプに接続されたガラス容器を回す、小さなキャラクターがいることを。彼らはトースティ・ロースティ（もとはトスティ・ロスティという名だった。ディズニーランドのポップコーンマシンを開発したクリエーターズ＆カンパニー社が名づけたもの）。それぞれ働く王国にちなんだ姿をしている。例えば、トゥモローランドならウォルトの世代におなじみの宇宙人、［マッターホーン・ボブスレー］の近くなら雪男、という具合だ。ほかにどんなキャラクターがいるか探すのも、パークの楽しみの1つになるだろう。

ディズニー・パークでポップコーンにまつわる宝探しといえば、もう1つ、バケツ収集がある。ポップコーンのバケツを手に入れるための列は、下手すると一番人気のライドより待たされるかもしれない。多くは数量限定で、年間パスポート保持者限定という場合もある。キャラクター、ランド、映画、祝祭日、アトラクションをテーマにしたもののほか、復刻版も存在する。ハンドバッグやランチボックスとして再利用する人も多く、おやつとグッズを兼ねた最高のお土産になる。バケツを汚さずに持ち帰りたい場合は、ポップコーンを箱入りにしてもらうことができる。

自分だけのオリジナル・ポップコーンをつくりたい？ それならマジックキングダムのメインストリート・コンフェクショナリーにある〈カーネル・キッチン〉へ行くといい。フレーバーは4種（キャラメル、レインボー・フルーツ、バター、チェダー）あり、キャンディのトッピングに加えてシロップもかけてもらえる。

ディズニーランドと香港ディズニーランドで完璧なポップコーンづくりに励む、働き者のミニフィギュア。

CHAPTER 5　ラグジュアリー

WHEN YOU WISH UPON A STAR

星に願いを
一生に一度のぜいたくな体験

ディズニーランド・ホテルのアドベンチャー
ランド・スイート（p.358参照）は、最高に
ぜいたくな休暇を演出してくれる。

ディズニーランド・リゾート、ディズニー・カリフォルニア・アドベンチャーで

すてきな
夜を迎えよう

日没後のパークを見る喜び

ウォルトは朝早く、開園前のディズニーランドで遊び回っていたことで知られている。だが、早朝と同じぐらい夕暮れ時にも魅力を感じていたという。「この時間帯がお気に入りなんだ。ちょうど日が沈む頃、照明が点灯するときに、ここにいるのが好きだ。暗くなるとディズニーランドに新しい魔法がかかるような気がしてね」

今では、「ディズニーランド・アフター・ダーク」というチケットもある。ディズニーランドとディズニー・カリフォルニア・アドベンチャーで、特定の日の閉園後、昼間では体験できない楽しいイベントが開催されている。ディズニー・カリフォルニア・アドベンチャーの「ナイト」は、高校卒業を祝う「グラッド・ナイト」や若者向けの「デート・ナイト」といった特別イベントを開催していた初期ディズニーランドへのオマージュと言えよう。

夜のイベントは、キャラクター体験、写真撮影、ダンス、テーマに沿った特別料理、エンターテインメント、記念品、グッズ販売など、世代を超えて盛り上がれる企画が満載だ。また、アトラクションもいくつか動いていて、昼間より短い待ち時間で利用できる。ディズニー風のコスチューム、テーマに合った服装、または盛装での参加が歓迎される。パークの予約は不要で、午後6時を過ぎれば入園できる。過去に行われたイベントをいくつか紹介しよう。

スター・ウォーズ・ナイトの舞台はバトゥーからトゥモローランドまで広がる。ギャラクティック・ダンスパーティー、キャプテン・ファズマとストームトルーパーのエリート部隊によるマーチ・オブ・ザ・ファースト・オーダー、スター・ウォーズの花火ショー、そして至るところで光るライトセーバー。ダークサイドであれライトサイドであれ、仲間に加わる準備はできているか?

右：夜の街を楽しみたいなら、ディズニー・スプリングスの〈ハウス・オブ・ブルース・オーランド〉へ行くといい。

p.336-337：邪悪なキャラクターが好きなら「ヴィランズ・ナイト」がおすすめだ。

　2月に開催される**スイートハート・ナイト**は、バレンタインデーにちなんで、すべての愛を祝うイベントだ。ディズニーのラブソングが園内に流れ、おなじみのカップルが各ランドに登場する。［イッツ・ア・スモールワールド］でのロイヤルボールでは、ロイヤルバンドの演奏に合わせてディズニーの恋人たちがワルツを踊る。マークトウェイン号でロマンチックな月明かりのジャズクルーズもいいし、メインストリートUSAでダッパー・ダンが歌うセレナーデに酔いしれてもいい。南の島のラブソングのように熱い夜となるだろう。

　アースラ並みに意地悪な気分？ クルエラがあなたのヒーロー？ ガストンみたいな筋肉隆々が理想？ それなら心の毒をかばんに詰めて**ヴィランズ・ナイト**へ繰り出そう。ディズニー・カリフォルニア・アドベンチャーの不気味な夜会で悪役に徹するのも悪くない。アンダーワールド・ダンスパーティーでハデスと一緒にダンスフロアに舞い降り、シーサイド・シングアロングで海の魔女と声を合わせ、ボールド・マウンテン・ナイト・クラブでドクター・ターミナスの不吉なミュージカルを見る。ハートの女王やマザー・ゴーテルといった悪役もゲスト出演している。冷酷なロッツォよろしく恐怖の夜を楽しもう。

ディズニーで同窓会

昔のディズニーランドの「グラッド・ナイト」は卒業したての若者が対象だったが、今では誰もが高校卒業時の屈託ない気分に浸れる。ディズニー・カリフォルニア・アドベンチャーの同窓会は、過去60年を祝うイベントだ。ドレスコードは、お気に入りのレトロなファッション。スタジャンを引っぱり出し、カフェテリア風のフード、ダンスパーティー、ペップラリー（激励会）で学生時代にワープしよう。

さまざまなパークで

お城を愛でよう

ディズニーが誇る6つの名城

19 55年に完成した**眠れる森の美女の城**は、ウォルト・ディズニーが手がけた唯一の城であり、ディズニーランドの至宝だ。親しみやすい城をウォルトが望んだため、高さは堀から23メートルしかない。当初は「中世の城」、「ファンタジーランドの城」などと呼ばれていたが、パークのオープンから3年以上を経て、新作映画が公開されることになり、その宣伝を兼ねて「眠れる森の美女の城」という名に落ち着いた。

一方、ウォルト・ディズニー・ワールド・リゾートのマジックキングダムにある**シンデレラ城**は、高さ58メートルとはるかに大きい。そびえる尖塔や美しい小塔が高貴な印象を与えるお城だ。「眠れる森の美女の城」にも尽力したディズニー・レジェンド、ハーブ・ライマンがチーフデザイナーを務めた。フォンテーヌブロー宮殿、ベルサイユ宮殿、シュノンソー城、シャンボール城、ショーモン城といったフランスの名城、そしてもちろん1950年の映画『シンデレラ』からアイデアを得ている。

東京ディズニーランドの**シンデレラ城**は、外から見る限りマジックキングダムのものとそっくりだが、城内で［シンデレラのフェアリーテイル・ホール］というアトラクションを楽しめる点が違う。シンデレラとプリンス・チャーミングの招待で城の中へ招かれ、絵やジオラマなど美しい展示品を見て歩くウォークスルー型アトラクションだ。

ディズニーランド・パリの**ル・シャトー・ドゥ・ラ・ベル・オ・ボア・ドルマン**（眠れる森の美女の城）は、まさにおとぎの国の城だ。城とその周囲は、ディズニー・レジェンドであるアイバンド・アールが『眠れる森の美女』（1959年）のために描いたデザ

右：上海ディズニーランドのエンチャンテッド・ストーリーブック・キャッスルはディズニー史上最も高く、最も広いお城だ。

p.340-341：ディズニーランド・パリの「眠れる森の美女の城」にはサプライズがあふれている。生け垣は四角く整えられ、地下にはドラゴンがいる（p.41参照）。

インをベースにしているが、架空の宮殿や実在するフランスの城の面影もある。天を衝く尖塔、ロイヤルブルーの屋根、タペストリー、ステンドグラスなど、なんと幻想的で壮麗な城だろうか。映画と同じ四角い生け垣も魅力的だ。

　ディズニーのプリンセスとクイーンが登場する13の物語から生まれたのが、香港ディズニーランドの**キャッスル・オブ・マジカル・ドリーム**だ。1人のプリンセスではなく、複数のヒロインに焦点を当てた初めての城として、ヒロインたちの多様かつ唯一無二の物語を、建築という形で巧みに表現している。尖塔の先を飾る頂華は、それぞれのヒロインのシンボルをかたどっている。例えばメリダは弓と矢、ポカホンタスは忠実な友であるハチドリのフリット、という具合だ。また、ジャスミンならあの衣装を思わせるターコイズというように、塔の色もヒロインの個性を表している。ムーランの塔には桜の花が彫られているなど、象徴的なデザインも散りばめられている。オーロラの塔が一番高いのは、『眠れる森の美女』（1959年）とウォルトの最初の城に敬意を表してのことだ。3人の妖精がきらきらと魔法の粉をまきながら、9000個のライトが頭上に輝く円形大広間へと案内してくれる。

伝説のモザイク画

マジックキングダムのシンデレラ城の入り口には、シンデレラの物語を描いた5枚のモザイク画がある。ディズニー・レジェンド、ドロシア・レッドモンドがデザインを手がけたもので、義姉たちの顔の色が、嫉妬の緑色、怒りの赤というように、ガラスの靴に足を入れるシンデレラを見たときの反応を表している。4.6×3mのパネルに、イタリア製の色ガラス百万個、本物の銀、14カラットの金が使われている。

342　CHAPTER 5　星に願いを　ラグジュアリー

左：東京ディズニーランドのシンデレラ城は、マジックキングダムのシンデレラ城へのオマージュだ。

上：香港ディズニーランドのキャッスル・オブ・マジカル・ドリームには、おなじみのヒロイン13人それぞれを象徴するデザインが散りばめられている（写真はリニューアル前の眠れる森の美女の城）。

　上海ディズニーランドの**エンチャンテッド・ストーリーブック・キャッスル**は、ディズニー史上最も高く、最も広く、最も複雑な城である。4つのモザイク壁画には四季折々のプリンセス——ラプンツェル、ティアナ、メリダ、エルサ、アナが描かれている。白雪姫に捧げる双方向性のウォークスルー型アトラクション［ワンス・アポン・ア・タイム］では、魔法の鏡がゲストをおとぎ話の世界——森が茂り、生き物たちが言葉を話す世界へと招き入れる。また、［ボヤッジ・トゥ・ザ・クリスタル・グロット］で、お城の洞穴をボートで巡ることもできる。

　世界に広がる6つのお城を制覇する——これぞまさに偉業だ！

アドベンチャー・バイ・ディズニーで
アジアの神秘に触れよう

喜捨に参加できるツアー・オブ・ルアンパバーン

ベトナム、ラオス、カンボジアの美と歴史と魔法を体験しよう。アドベンチャー・バイ・ディズニーの12日間のツアーでは、武道、郷土料理、宗教習慣など、各国の伝統に触れることができる。

ラオスの文化の中心地であり、ユネスコ世界遺産でもあるルアンパバーンには3日間滞在する。森林、山、滝、仏教寺院で知られるところだ。主食の米はシンプルな食べ物だが、栽培はシンプルとはいかない。地元の農家で米づくりの13段階を学ぼう。午後はクアンシーの滝を訪れ、ひとときの休息を楽しむといい。流れ落ちる水の音が旅の緊張をほぐしてくれるはずだ。

ルアンパバーンで最後の朝には、アドベンチャー・バイ・ディズニーが誇るスペシャルな機会が待っている。早起きして托鉢を見学しよう。古来より続くこの神聖な仏教儀式を「絶対にやりたいこと」に挙げる旅行者は多い。サフラン色の袈裟をまとった僧を迎え、もち米などを喜捨する。僧侶が古い街並みを歩くなか、地域の人々（そして、あなた）は食べ物を寄付し、敬う心を示すわけだ。

喜捨を体験したあとは、「聖なる丘」として知られるプーシーの丘まで歩こう。仏像や色とりどりの花を眺めながら登っていくと、ふもとが一望できる場所に出る。その後はカンボジアへと旅を続け、かのアンコールワットを擁する世界遺産、アンコール遺跡群を訪ねる。アンコールワットはカンボジアで最も有名な寺で、カンボジア国旗の図案となっている。

ラオスへのガイド付きツアーでは、日の出とともに僧に食べ物を寄付する喜捨に参加できる。

ウォルトゆかりの地

ウォルトの足跡を
たどるツアー

ディズニーランドはウォルト・ディズニーの精神に触れられる唯一無二の場所だ。ここ以外に、ウォルトその人が働き、遊び、時に眠ったディズニー・テーマパークはない。元祖マジックキングダムには、その足跡がくっきりと残されている。

ウォーク・イン・ウォルツ・フットステップは、ガイドとともにウォルトの足跡をたどる団体ツアーだ。ウォルトがビジョンを語る音声の抜粋が小さなラジオから流れ、気分を高めてくれる。ウォルト自身の声に耳を傾けながら、その場所に立つというのは、まさに魔法のような体験となる。ウォルトが手がけたアトラクションについて、舞台裏も含めて詳しくなるチャンスだ。

このツアーのハイライトは消防署の上にあるウォルトの部屋の見学だ（いつも案内されるわけではなく、予告もされない）。かつては本物の消防士の滑り棒があったが、子どもたちがよじ登って2階の部屋に入ろうとしたため、滑り棒は撤去され、穴はふさがれた。裏口から階段を上ったところに、ビクトリア様式のこぢんまりとした部屋がある。夜はベッドになるソファが2つ、小さなキッチン、シャワー付きのバスルームが設置されている。ウォルトとその客人は、通りすぎるパレードや、毎日行われる国旗降納のセレモニー（p.48参照）をバルコニーから眺めていた。

ツアーの当日、どんな驚きや喜びが待っているにしろ、比類なきショーの達人と、その遊び場だった場所への深い感謝を胸にパークを去ることになるだろう。

ディズニーランドで、ガイドなしにウォルトの足跡をたどりたい場合は、彼が手がけたアトラクションを回ればよい。まずは［ウォルト・ディズニーの魅惑のチキルーム］だ。1963年、初めてオーディオ・アニマトロニクス人形を使ったアトラクションとして登場

右：VIPツアーでは、ガイドがディズニーランドの舞台裏へ案内してくれる。ウォルトがパークに残した足跡をたどろう。

p.348-349：ディズニーランドの模型をのぞき込むウォルト。手前はディズニー・レジェンドでイマジニアのビル・マーティン。中央は経営幹部となった義理の息子、ロバート・"ボブ"・ブラウン。

し、今ではウォルトの名前を冠するディズニーランド唯一のアトラクションとなった。[カリブの海賊]にウォルトが残した功績は、少々ユニークだ。ライドの落下する部分は、当初スリルを狙ったものではなく、ボートをレールに載せ、段の向こうにあるショーの建物へ移動させるためだった。イマジニアたちは1回大きく落とすことしか考えていなかったのだが、もう1回落下させてゲストを驚かせようと、ウォルトが思いついたのだ。また、ウォルトはマークトウェイン号に特別な思い入れを持っていた。少年時代の彼は、憧れのマーク・トウェインのようにミシシッピ川を渡ることを夢見ていた。進水式は、ウォルトの結婚30周年を祝って行われた。

タウンスクエアのオペラハウスで開催される[グレート・モメンツ・ウィズ・ミスター・リンカーン]も必見だ。ウォルトは敬愛する大統領のためにこのショーを企画し、すべての米国人はリンカーンのレガシーを知っておくべきだと考えていた。17歳以下を無料としたのは、そうした強い思いからだった。

それからファンタジーランドへ向かい、[ピーターパン空の旅]を楽しもう。ディズニーランド開業と同時にオープンしたアトラクションだ。その発想の原点は、ウォルトが幼少時にミズーリ州マーセリーンで見た『ピーターパン』の劇にある。ウォルトは決して大人にならない少年に魅せられ、学芸会でも主役を演じたという。

[トムソーヤ島いかだ]にも乗ろう。すべての設計をウォルト自ら手がけたアトラクションだ。また、ウォルトの列車で行く[グランド・サークル・ツアー(ディズニーランド鉄道)]も外せない。

ウォルトゆかりのアトラクションについては、ディズニーランドのアプリで調べよう。

魔法がいっぱい

ガイド付きツアーの魅力

ウォルトは自分に代わるディズニーランドの案内役として、ツアーガイドを導入した。初期の衣装に乗馬風のものがあったのは、ウォルトが競馬好きだったせいかもしれない。「これがツアーガイドのコスチュームだ。乗馬用の鞭を持てばジョッキーそのもの。ゲスト・ジョッキーと呼ばれることもある」と、冗談を飛ばしている。現在のガイドが着ている赤と白と青のロイヤル・スチュワート・タータンチェックは、ウォルトのお気に入りだったレストラン、タム・オシャンター（p.280参照）の給仕の制服を思い出させる。

A：パークのキャストはディズニーランド内部の仕組みや、ウォルトの貢献について教えてくれる。B：VIPツアーに参加すると、消防署の上にあるウォルトとリリアンの部屋を見るチャンスがあるかもしれない。C：ケイシージュニア・サーカストレインに乗って、ミニチュアサイズで再現されたおとぎ話の世界を訪ねよう。D：園内各所とアトラクションを巡るVIPツアーは家族みんなで楽しめる。E：[グレート・モーメンツ・ウィズ・ミスター・リンカーン]のロビーには、米国連邦議会議事堂の模型がある。F：マーク・トウェインはウォルトの英雄だった。園内の川を渡る船にその名をつけたのも不思議ではない。G：異色のツアー「ディズニー・ユース・エデュケーション・シリーズ」は、ディズニーランドでユニークな学びを提供する。H：ディズニーランドでゲストを案内するガイド。ウォルトの足跡をたどる楽しい1日が始まる。

A

D

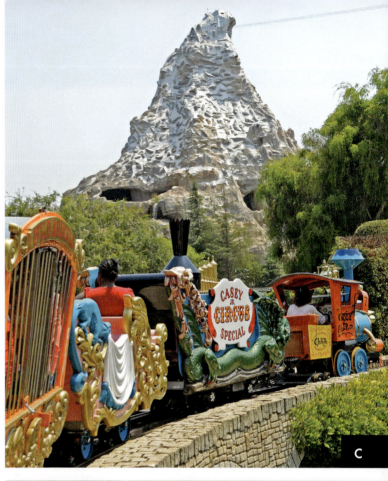

ディズニー・ポリネシアン・ビレッジ・リゾートで
ボラボラ島のような水上バンガローに泊まろう

　1971年10月1日、ウォルト・ディズニー・ワールド開業と同時に2つのホテルがオープンした。その1つが、ポリネシアンだ。緑豊かな南国のパラダイスというコンセプトは、南洋をはじめ外洋を旅して回ったウォルトの考案である。中心にあるグレート・セレモニアル・ハウスはタヒチの王族の別荘を思わせる設計で、ロビーに入ったオハナ（スティッチを思い出そう。「家族」のことだ）を温かく迎えてくれる。複数ある長い家屋が客室だ。朝食、昼食、夕食は各レストランで南太平洋の特産品や、アジア風の料理や、米国の伝統料理が提供される。デザートはもちろんドールホイップ。複数のパークをはしごするゲストには、最寄りのモノレール駅の存在がありがたい。

　2015年には、ディズニー史上初の水上バンガローが加わった。2ベッドルームのバンガローには台所、洗濯機と乾燥機、独立した部屋が備わり、島の保養地に自宅の便利さをすべて持ち込んだような快適さが手に入る。ボラボラ・バンガローからはセブン・シーズ・ラグーンが一望でき、プライベートデッキには小さな風呂までついている。しかも、魔法はそれで終わらない。毎晩、部屋の中でくつろぎながら、生き生きと水が躍る夜の水上パレードを見物することができるのだ。

　絶対に気に入るはずだ。

ウォルト・ディズニー・ワールド・リゾートで

夢のカリフォルニアを満喫しよう

世界の頂点でディズニーの"シグネチャー・ダイニング"

ディズニー・コンテンポラリー・リゾートは1971年、ウォルト・ディズニー・ワールドの開業と同時にオープンした。A字型のホテルで、USスチール社の協力のもと卵パックのような仕切りを建設し、そこに別の場所で完成させた家具付き客室を巨大クレーンではめ込んでいった。内側をモノレールが通過し、グランドキャニオン・コンコースと呼ばれる駅に、ディズニー・レジェンドのメアリー・ブレアがデザインした高さ27メートルのモザイク壁画が飾られ、見る者を圧倒したという。

この建物のもう1つの主役は、15階にある個性的なレストラン、〈トップ・オブ・ザ・ワールド〉だった。床から天井まで一面が窓で、眼下にマジックキングダムの堂々たる全景が広がるなか、毎晩2度、ディナーショーが開催され、一流エンターテインメントで夜を彩った。1981年になると、ミュージカルのスタンダードナンバーを聴かせるショー、「ブロードウェイ・アット・トップ」が封切られた。

1995年には、その場所で〈カリフォルニア・グリル〉が営業を開始し、カリフォルニア州のグルメ料理を提供するようになった。つまり、魚や季節の食材を使い、時代の先を行く調理法で仕上げるのだ。ここは今でもウォルト・ディズニー・ワールドで特に人気の高いレストランである。

〈カリフォルニア・グリル〉はワインの品ぞろえ、ステージキッチン、セブン・シーズ・ラグーンや森林やシンデレラ城の眺めも素晴らしい。それでもまだ足りないと言うなら、マジックキングダムの豪華絢爛な花火ショーを館内に流れる音楽とともに楽しむという、唯一無二の特権もある。なお、守るべきドレスコードがある高級レストランなので、事前予約を強く勧める。

〈カリフォルニア・グリル〉の料理は、マジックキングダムの眺望にも負けないほど素晴らしい。

魔法がいっぱい

ディズニーの美食探訪

ディズニーランドに最初の高級レストランがオープンしたときから、ディズニーの食は進化し続けている。パークやリゾートの多数のレストランが、ダイヤモンド・アワードのAAAファイブ・ダイヤモンドを獲得し、ザガット、『フォーブス・トラベルガイド』誌、ワイン・スペクテーターで高い評価を得てきた。また、ジェームズ・ビアード賞にノミネートされたシェフも複数いる。ディズニーでは、トップレベルのレストランを「シグネチャー・ダイニング」と呼ぶ。最高級の料理、類いまれなサービス、うっとりするような雰囲気、一流のワイン。それらすべてに妖精の粉を振りかけ、魔法で仕上げて提供している。

A：ディズニー・グランド・カリフォルニアン・ホテル＆スパの〈ストーリーテラー・カフェ〉は、米国の家庭料理と、ディズニー・キャラクターとふれあう機会を提供する。**B**：ディズニー・アニマルキングダム・ロッジの中にある〈ジーコ・クッキングプレース〉では、「ヤング・シダー・クリーク」（アサリのマラタ：アフリカ料理）などの逸品に出会える。**C**：ディズニー・ワンダー号の〈ティアナズ・プレース〉で軽食をどうぞ。**D**：ディズニーランド・パリにある〈ビストロ・シェ・レミー〉のラタトゥイユ。これぞ五つ星。**E**：ディズニーランド・パリの〈ビクトリア・ホームスタイル・レストラン〉で過去へタイムトリップ。**F**：ディズニー・アニマルキングダム・ロッジの〈ジーコ〉で試したい植物由来のデザート「アフリカン・ドラム・ビート」。**G**：上海ディズニーランドの〈ロイヤル・バンケット・ホール〉で王と王妃、王子と王女にふさわしい晩餐を。**H**：香港ディズニーランドのハリウッド・ホテルにある〈シェフ・ミッキー〉で、遊び心の詰まった中華まんが待っている。

B

E

F

G

C

H

ディズニーランド・ホテルで

魔法の一夜を過ごそう

個性あふれるスイートルーム

暗くなるまでパークで遊び回るのは楽しい。しかしディズニーランド・ホテルのシグネチャー・スイーツを予約した日は、早めにホテルへ向かいたくなる。

フェアリーテイル・スイートでは、ティンカー・ベルがゲストを迎えてくれる。妖精の粉が舞い、壁に収められたクリスタルの城が光を放つ。大理石敷きの玄関、床から天井まで届く窓、天蓋付きの豪華なベッド、「眠れる森の美女の城」のハンドカットモザイク画。何から何まで優雅な部屋だ。

かたや、最高にワイルドなアトラクション、[ビッグサンダー・マウンテン]をモチーフにした**ビッグサンダー・スイート**は、映画のように楽しく、かつ無骨な空間だ。広さは130平方メートル。ドアベルの音はオオカミの遠吠えだ。フールズ・ゴールド（金と見せかけて実は黄鉄鉱）の玄関に入ると、暴走する鉱山列車の音が響く。もっと雰囲気を出したかったら、壁のボタンを操作しよう。アトラクションでおなじみの音が響きわたる。リビングルームの金塊もお見逃しなく。金採掘者の"肖像画"が、時間によって姿を変えるのだ。

足を踏み入れた途端、「ヨーホーヨーホー」と歌いたくなるのが**パイレーツ・オブ・カリビアン・スイート**だ。同名の映画とアトラクションを下敷きに、船長の部屋と、若い乗組員たち用の海をテーマにした寝室をしつらえている。鍵付きのガラスケースには、ジャック・スパロウの拳銃（複製だ）、レアな海賊のフィギュア、デイビー・ジョーンズの「デッド・マンズ・チェスト」など、お宝の数々が収められている。

アドベンチャーランド・スイートでは、豪華なサファリがあなたを待っている。メインベッドルームはロッジ風。洞窟風のバスルームでは稲妻が光り、熱帯雨林を思わせる音がする。小さな探検家は"テント"で眠ろう。本物のジャングルの音や、隠しクローゼットが、冒険心をくすぐってくれる。

王侯貴族にふさわしいディズニーランド・ホテルのフェアリーテイル・スイート。

魔法がいっぱい

シンデレラ城の
スイート

マジックキングダムのシンデレラ・キャッスル・スイートでの1泊は、舞踏会への招待以上に羨望の的だ。この王家の住まいは一般のツアーでは提供されないため、普通は宿泊できない。寝室に入ると、ベッドの上に"C"の文字を彫ったプレートが飾られているのが目に入る。ステンドガラスの窓から見渡すマジックキングダムは、息をのむほど美しい。窓の1枚1枚にシンデレラの物語が描かれ、魔法の鏡はシンデレラの映画を映し出す。洗面室には王冠の形をしたシャンデリアが輝き、かたや、大きなたらいがシンデレラの不遇の日々を思わせる。三方をモザイク画に囲まれた浴槽を、頭上のまたたく星が照らす。チェックアウト時には記念にガラスの靴が贈られる。つまり、魔法は夜中の12時までではなく朝まで続くのだ。

A：シンデレラ・キャッスル・スイートに泊まるということは、シンデレラその人に会えることを意味する。**B**：王族の気分でくつろぎ、暖炉のそばで『シンデレラ』（1950年）を見よう。**C**：安眠を約束する王様のベッド。**D**：マジックキングダムを1日歩き回った足は、円形の居室で休めるといい。**E**：ステンドガラス越しに差し込む光が洗面室に美しい色を落とす。**F**：シンデレラ城の中、甲冑を眺めながら進むと、〈シンデレラ・ロイヤルテーブル〉のディナーが待っている。**G**：シンデレラ・キャッスル・スイートへの招待状を手にできるのは、とんでもなく幸運な家族だけ。**H**：ジャグジー付きの浴槽に体を沈め、頭上にまたたく星を眺めよう。

A

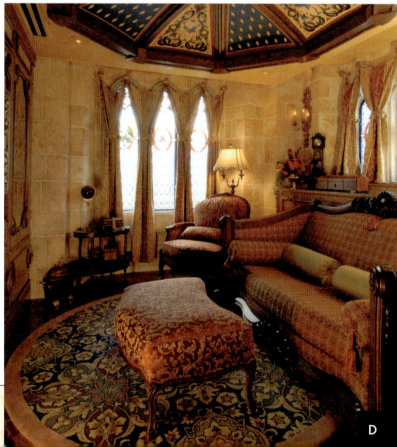

D

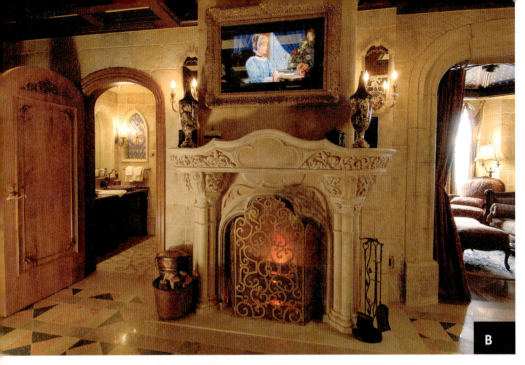

ディズニー・タイフーン・ラグーン・ウォーターパークで

波のプールで
サーフィンに挑もう

ハワイの波乗り気分

　ウォルト・ディズニー・ワールドのディズニー・タイフーン・ラグーンには言い伝えがある。伝説の楽園が世紀の大型台風に見舞われ、（ディズニー流に）めちゃくちゃになってしまったらしい。船は難破し、サーフボードはヤシの木に突き刺さり、火山のてっぺんに打ち上げられた小船（近くのセーフン・サウンドという土地から来たという話だ）は今にも落下しそうだ。だが、嵐の爪痕が残る南国の楽園には、水の遊び場ができていた。ゆったり流れるプールもウォータースライダーも最高だが、もっとスリルが欲しいなら、北米一の広さを誇る波のプールに行くしかない。

　ミッキーマウスもグーフィーもスティッチもその波に乗るという。あなたはどうする？ タイフーン・ラグーン・サーフ・プールなら誰でもハングテンをマスターできる。特定の日の営業時間前に、初心者向け個人指導が受けられる。経験のあるなしにかかわらず、プロのインストラクターが指導してくれるので、レッスンが終わるまでには1.8メートルの波を乗りこなせる。この素晴らしい冒険の料金には、用具のレンタルとデジタル写真も含まれている。レッスンはおよそ2時間半。対象は8歳以上、定員12名だ。

　上級者は開園時間の前後に波のうねりに立ち向かおう。こちらの定員は25名だ。3時間に波が100回、25本に分かれてやって来る。ワールドクラスの技術で理想の波をとらえつつ、左右どちらに砕けるか予測しよう。朝であれば、パドルアウトする前にオプションの朝食で腹ごしらえできる。自慢する権利が欲しい？ 見物が許可されているし、プロのカメラマンもスタンバイしている。カワバンガ（やったぜ）！

ディズニー・タイフーン・ラグーン・ウォーターパークのサーフ・レッスンで、ハングテンに挑戦だ。

ウォルト・ディズニー・ワールド・リゾートで
水上ドライブを楽しもう

　陸地を走り、水に浮き、ブエナ・ビスタ湖を移動できるタクシー。それがアンフィカーだ。ディズニー・スプリングスのザ・ボートハウス・オーランドでは、ここでしか経験できないビンテージ・アンフィカーによるガイド付きツアーを提供している。1961年に発売されたこの水陸両用車は、現在は400台も残っていない希少な乗り物だ。船長に迎えられ、防水仕様の扉がきっちり閉められたところから、冒険は始まる。スロープを下って派手に水に飛び込んだら、ディズニー・スプリングスの名所や眺望を楽しむ20分のクルーズへ出発だ。

ウォルト・ディズニー・ワールド・リゾートで

デラックスの その上を行こう

フォーシーズンズ・オーランドで五つ星の宿泊を

マジックキングダム、ディズニー・ハリウッド・スタジオ、エプコット、ディズニー・アニマルキングダムのすべてにほど近い閑静な場所に、フォーシーズンズ・オーランドがある。違いのわかるディズニーファンにとっては、最高の選択肢だ。パークの喧騒から十分な距離を取り、まさにオアシスを実感できる。設備もアメニティも、何から何までAAAファイブ・ダイヤモンドに期待を高められたとおりのものが待っている。スパとサロンで癒やされ、ホテル所有のコースでゴルフをしよう。テニス、ボッチャ、ビーチバレー、輪投げも楽しめる。食事のために外出する必要もない。カジュアルからフォーマルまで、ワールドクラスのレストランがそろっている。

しかも、ウォルト・ディズニー・ワールド・リゾートのホテルとしての期待も裏切らない。それどころか期待を上回る特典が用意されている。コンシェルジュが常駐し、快適な滞在のための計画や手配をすべて引き受けてくれるので、早朝入場、無料送迎、グーフィーたちとのキャラクター・ブレックファスト、ギフトショップ、ウォータースライダーと流れるプールを備えたプライベート・ウォーターパーク（2ヘクタール）、王子と王女の衣装がそろったブティック、"ダイブ・イン"映画など、何もかもスムーズに利用できる。毎夜マジックキングダムの空に上がる花火は、屋上のレストランから鑑賞できる。

おまけに、順番待ちのないプライベート・キャラクターダイニングまである。大好きなキャラクターと1対1で楽しい時間を過ごせるとは、それこそ魔法のようではないか。

子どもたちをもっと喜ばせたければ、新たな次元に到達したルームサービス──特別なルームデコレーションを利用しよう。子ども用テントや好きなおもちゃなど、希望に応じて用意してくれる。オーランドのフォーシーズンズに実現できない夢はなさそうだ。

現実を忘れて優雅に過ごしたい家族やカップルにとって、ウォルト・ディズニー・ワールド・リゾートのフォーシーズンズ・オーランドは最高の隠れ家だ。

ディズニー・クルーズラインで

兄弟愛に触れよう

ウォルター・E・ディズニーまたはロイ・O・ディズニーのスイート

ウォルトと家族がクルーズ旅行を始めたのは1930年代半ばだった。当時、海外への移動手段としては船が主流だったこともあるが、仕事に追われるウォルトにとっては、船旅中の時間配分や生活が心地よく感じられた。娘のダイアンは次のように回顧する。「（父は）過酷を極めるスタジオとはまったく違う、ゆったり流れる船上の時間を楽しんでいました。シャッフルボードの対戦からメディシンボールを使ったトレーニングまで、クルーズ船につきもののアクティビティーで忙しく過ごしていました」

ウォルトの兄ロイも、大海原が好きだった。1935年には妻のエドナを伴ってウォルトとリリアン夫妻に合流し、当時は最大かつ最速だったノルマンディー号で大西洋を横断した。

ディズニー兄弟のようなクルーズを経験したい人のために、ディズニー・クルーズラインのドリーム号、ファンタジー号、マジック号、ワンダー号は、ウォルター・E・ディズニーのスイートとロイ・O・ディズニーのスイートを用意している。いずれも1930年代から40年代の船室を思わせる荘厳な造りで、エレガントな流線を描く木製家具がつやつやと光っている。客室の間取りはほぼ同じで、カメラ、2人の作品に影響を与えた本など、伝説的パートナーシップを称える品が置かれているが、少しずつ異なる写真や記念品がそれぞれの個性を伝える。

どちらの部屋にも、船旅でくつろぐのに必要な道具はすべて備わっている。2つの寝室、冷蔵庫付きキッチン、バトラーの配膳室、高級サロンのような居間、広々としたベランダ（一部にはジャグジーもついている）、コンシェルジュサービス、そして、仕上げは妖精の粉。

さらに、一番に乗船できるという特典がある。一生の自慢となる体験だ。

ディズニー・ドリーム号のロイ・O・ディズニー・スイート。広々した部屋でぜいたくなクルージングを楽しもう。

魔法がいっぱい

これぞスイート

ウォルトとリリアンが初めてハワイを訪れたのは1934年のことだった。滞在中、さまざまな社交の場に招かれたが、ウォルトはすべて断った。「ここではビーチに寝そべって太陽の光を浴び、爪先を砂の中でもぞもぞさせる。それ以外のことはしたくない」

1939年の夏、ウォルトとリリアンはウォルトの兄ロイとその妻エドナを伴い、再びハワイを訪れる。SSルアライン号でホノルルに着き、ワイキキに泊まった。ウォルトはその後も3度、ハワイへ旅している。島での日々が性に合っていたのだ。

ハワイのどこにそれほど心を奪われたのか知りたければ、アウラニ・ディズニー・リゾート&スパのスイートルームを予約しよう。米国本土のディズニー・ホテルのスイートでもいい。その楽園には、ウォルトが残した魔法と驚きが息づいている。

A

A：アウラニ・ディズニー・リゾート&スパのプライベート・レインボーリーフでスキューバダイビングに挑戦。インストラクターが指導してくれる。B：ディズニーランド・パリのホテル・ニューヨーク：アート・オブ・マーベルのメトロ・プールには、屋内プールと屋外プールのほか、キッズ用エリアもある。C：サバンナに立つディズニー・アニマルキングダム・ロッジのヴィラでくつろぎの時間を。D：ハワイ州コオリナ、アウラニ・ディズニー・リゾート&スパからの眺めは魔法のよう。E：アニマルキングダム・ロッジのサバンナ・ビュー・ルームから望む夢のような風景。動物たちが朝の挨拶をしてくれるかもしれない。F：ディズニー・サラトガ・スプリングス・リゾート&スパのツリーハウス・ヴィラから楽しむ水辺の景色。G：ウォルト・ディズニー・ワールドのアート・オブ・アニメーション・リゾートの客室。ディズニーのキャラクターやイラストが迎えてくれる。H：国立公園と大自然への敬意を込めたウォルト・ディズニー・ワールドのディズニー・ウィルダネス・ロッジ。

D

ウォルトゆかりの地

ディズニー王国の扉を開く鍵

このツアーを「ぜいたくな」と形容したくなるのは、追加料金がかかるからだけではない。時間もまた、ぜいたくに使うからだ。「ディズニーズ・キー・トゥ・ザ・キングダム・ツアー」に参加すると、マジックキングダムで過ごす1日のうち5時間を取られることになる。しかし伝説が隠された舞台裏にアクセスできるのだから、それだけの価値があることをお約束する。

ウォルト・ディズニー・ワールドの歴史を探るには、まず、ミッキーマウスと"プロジェクトX"（オーランド近くの土地を購入する計画は、ディズニーが関わっていることを隠すため、こう呼ばれた）の裏にいた人物について知る必要がある。ウォルトが何を考えながらパークを設計していたのか、そして彼の死後、ロイがいかにして弟の夢のプロジェクトを完成させたのか、理解を深めよう。

パークファンの仲間が喜ぶような秘密を仕入れたければ、このツアーに参加すべきだ。アトラクションの裏話や隠れミッキー（p.137参照）の場所など、たっぷり教えてもらえる。マジックキングダム全体が巨大な2階建てで1階には無数のトンネルが走っているという話は、事実なのか都市伝説なのか？ 答えは……事実だ。このツアーに参加し自分の目で確かめるといい。「ユーティリドール」と呼ばれる地下システムのおかげで、キャストも物資も車両も、ゲストの目に触れることなく移動できる。もちろん、ゴミもだ。ウォルトはゴミの管理をとても重く考えていた。ツアーでは触れられないかもしれないので、ここで説明しよう。ディズニーのパークでおなじみの、蓋がスイングするゴミ箱が今日のように普及したのも、ウォルトの力によるところが大きい。ウォルトは、ゲストに蓋を上げさせ中のゴミを見せたくなかった。汚いものは何ひとつない遊園地を目指していたのだ。

右：1964〜65年のニューヨーク万博で［カルーセル・オブ・プログレス］の模型を紹介するウォルト・ディズニー。

p.374-375：トゥモローランドを一周する未来型ライド［トゥモローランド・トランジット・オーソリティ・ピープルムーバー］で、［スペース・マウンテン］や［バズ・ライトイヤーのスペースレンジャー・スピン］の裏側をのぞこう。

　5時間も歩いたり話したりしていれば、きっとおなかが空いてくるだろう。ということで、このツアーにはランチがついてくる。それと特別な記念品も。16歳以上限定の素晴らしい体験だ。

　もっと短時間のツアーがいいという人には、「ウォルト・ディズニー：マーセリーン・トゥ・マジックキングダム・ツアー」がある。手軽でありながら、ディズニーファンなら必ず喜ぶ内容だ。マーセリーンで暮らした日々（p.84参照）について、そして、それが公私ともに彼の人生に与えた影響について知ることができる。ウォルトは繰り返し語っていた。「実際のところ、マーセリーンでは、それ以降に起きた全部、あるいは今後起きるであろうすべてを合わせたよりもたくさんの、重要なことが起きた」と。

　また、1964～65年のニューヨーク万博が、いかにしてマジックキングダムのアトラクションの設計や開発につながったか、という発見もある。

　公式ツアーに参加できない場合は、ウォルトを象徴する2つのアトラクションを独自に回ろう。彼が全面的に関わった［カルーセル・オブ・プログレス］は、米国の家族、そして日常生活でテクノロジーが果たす役割を考察するアトラクションだ。また、ウォルトは移動や輸送を改善する策として、「ピープルムーバー」なるものについても、独自の計画を語っていた。「未来を語っても、実際に構築しなければ意味がない。いずれはこうしたピープルムーバーがどの都市にも、どの空港にもできるだろう」。この2つの歴史的アトラクションを体験できるのは、ウォルト・ディズニー・ワールドだけだ。

ナショナル ジオグラフィック・エクスペディション、
アドベンチャー・バイ・ディズニーで

24日間の世界
（とパーク）
一周旅行へ

ナショナルジオ グラフィックの専門家集団とともに、ボーイング757のチャーター機で世界探検へ出かけよう。貸し切りの客室には、通常の233席ではなく、2席ずつ2列で計75席、VIP用革張りシートが設置されている。

これは、一生に一度、大枚をはたく価値がある冒険だ。3週間かけてペルー、オーストラリア、ヨルダンなど12カ国を巡り、アンコールワット、ラパ・ヌイ国立公園、タージ・マハルといったユネスコ世界遺産を訪ねる。

ツアー参加者は、体力勝負の毎日となることを覚悟してほしい。ハイキングもあれば、シュノーケリングもある。サファリドライブや街歩きは、少し楽かもしれない。どの目的地へ降りても（さらに空の上でも）、その土地の類いまれなる遺産や歴史について、ナショナル ジオグラフィックの専門家が教えてくれる。

生涯にまたとない魔法のような冒険旅行は、もう1つある。アドベンチャー・バイ・ディズニーが催行するプライベートジェットによる旅だ。全部で12のディズニー・パーク、3つのディズニー・スタジオに加え、タージ・マハル、ギザのピラミッド、エッフェル塔の3カ所を回る。オーランドからパリ、東京と、特別仕様のボーイング757で24日間かけて移動し、パークとスタジオのVIPツアーを楽しむ。さらに香港でのジャンクボート・ディナークルーズや、世界中のディズニー・レストランのためにシェフたちが創り出す魔法の舞台裏がわかるディズニー・フレーバー・ラボ訪問など、普通はできない体験が待っている。

ウォルト・ディズニー・ワールド・リゾート、ディズニーランド・リゾートで

セレブのような おもてなしを受けよう

楽しいことが全部手に入る裏口パス

完全にパーソナライズされたプライベートVIPツアーなら、夢に見たディズニーの1日があなたのものになる。思いきり魔法にかかりたい人にとって最高のプランだ。レッドカーペットを歩くスターは、あなたと、あなたの同伴者。コンシェルジュがガイド役も務め、冒険に同行してくれる。高度な訓練を受け、パークの表も裏も知り尽くしたツアーガイドは、パークの歴史、楽しい豆知識、トリビアを教えてくれるだろう。

いつ、どこへ行くかを決めるのは、あなた自身だ。特殊なリクエストも歓迎される。途中で買ったグッズやギフトは、ホテルの部屋に届くようコンシェルジュが手配してくれる。また、VIPツアーの大きなメリットは、煩わしさから解放されることだ。希望どおりのプラン、食事の予約、大好きなパレードや花火の見物がスムーズにかなう。お気に入りのアトラクションにたくさん乗りたい人には、待ち時間が節約できる優先的アクセスがありがたい。

ウォルト・ディズニー・ワールド・リゾートは広大なため、ホテルから全4パークへの送迎（メインゲートではなく裏口から入る）もツアーに含まれている。子ども連れの場合は、年齢に応じたチャイルドシードを設置したバンが用意され、ツアーガイドが同乗する。

VIPツアーの予約は「ディズニー・スペシャル・アクティビティーズ」を通じて、ディズニーランドは1年前、ウォルト・ディズニー・ワールドは180日前から可能だ。パーク入場料は含まれていない。最短7時間から、最大人数は幼児を含めて10名まで。世界中のディズニー・パークで同様のVIP体験が提供されている。

ウォルト・ディズニー・ワールドのVIPツアーでは、チャイルドシートを備えた車でガイドが迎えてくれる。

さまざまなパークで

永遠の愛を誓おう

おとぎ話のようなウェディング

アリエルとエリック。マリアン姫とロビンフッド。ティアナとナヴィーン。ラプンツェルとフリン。そして、あなたとあなたの愛する人。結婚式はおとぎ話の主役だけのものではない。ディズニー・フェアリーテイル・ウェディングで、あなたが思い描いたこと、夢に見たことはすべて現実になる。

ディズニーの結婚式会場は、どれも個性的だ。テーマパークを愛する人にとって、可能性は無限にある。パークのシンボルたるお城、スター・ウォーズ：ギャラクシーズ・エッジ、ツリー・オブ・ライフ、エプコットの各パビリオンでもいい。ディズニーのクルーズ船の上で「誓います」と言うことも、アウラニ・ディズニー・リゾート＆スパという南国の楽園でレイを交わすことも、ディズニーランドかウォルト・ディズニー・ワールドのボールルームを全天候型のユートピアに変えることだってできる。もちろんウェディングガーデンもある。こぢんまりした中庭から、最大のものはディズニー・グランド・フロリディアン・リゾート＆スパのディズニー・ウェディング・パビリオンまで、お望み次第だ。セブン・シーズ・ラグーン沿いの緑豊かなプライベートアイランドには、ディズニー・ウェディング・パビリオンが立っている。ビクトリア様式の尖塔、吹き抜けの高い天井と、これまた、おとぎ話の世界だ。祭壇背後のアーチ型窓に遠景のシンデレラ城が収まり、ロマンチックな輝きを添えてくれる。

フェアリーテイル・ウェディングの醍醐味は場所だけではない。細部へのこだわりもディズニーならではだ。アイスホッケーを愛するシカゴのカップル、エミリーとジョンの結婚式の様子がDisney+（ディズニープラス）で紹介されている。ディズニー・ウェディングのスペシャリストは、2人と相談して最初から最後までプランニングするかたわ

いつまでも幸せに暮らしましたとさ

「それぞれの幸せな結末は新しい始まり」――『魔法にかけられて』（2007年）の劇中歌「エバー・エバー・アフター」より。

右：ウォルト・ディズニー・ワールドの夢のウェディングでは、おとぎ話が現実になる。

p.382-383：ウォルト・ディズニー・ワールドのウェディングではシンデレラの馬車に乗ることもできる。まさに究極のディズニー・プリンセス体験だ。

ら、密かなサプライズを用意していた。2人の応援するチームが何度も手にしたスタンリー・カップの優勝杯を、披露宴の会場に飾ったのだ。

　登場の仕方で結婚式の雰囲気が決まると言っても過言ではない。あなたの夢は船? モノレール? セグウェイ? ビンテージのロールスロイス? 王族が乗るような幌付き四輪馬車? さもなければ、6頭のめかしこんだポニーが引き、白髪のかつらをかぶった従者が控え、イルミネーションがまぶしく輝き、深いセルリアンブルーのクッション敷きで、金の葉の箔押しがあり、屋根に2羽の鳥がとまり、しんがりをスージー・マウスが務める、あのシンデレラの馬車はどうだろうか?

　せっかくのフェアリーテイル・ウェディングなのだから、ケーキもディズニーにしかできないものがいい。プロジェクションマッピングを使い、ウェディングケーキに2人の物語を描こう。ケーキの真っ白なキャンバスに、カラフルで魅力的なアニメーションを投影するのだ（花火ショーのときのお城のような感じで）。大丈夫、もちろんおいしく食べられる。ケーキの味とフィリングを決めたら、あなたの物語というフロスティングで仕上げよう。

ドレスを選ぼう

一世一代の日、あなたはどのディズニー・プリンセスになりたい? アリユール・ブライダルのディズニー・フェアリーテイル・ウェディング・コレクションには、あなたの好きなディズニー・プリンセスの精神や生き方、物語からヒントを得たドレスがそろっている。ポカホンタスのドレスは、繊細なレースの重なりが風にそよぐ秋の葉のよう。アリエルは古典的なマーメイド・シルエットのドレスに、海流をイメージしたチュールとオーガンジーが渦を巻く。ベル、オーロラ、ジャスミン、白雪姫、ティアナ、ラプンツェル、シンデレラのドレスも用意されている。

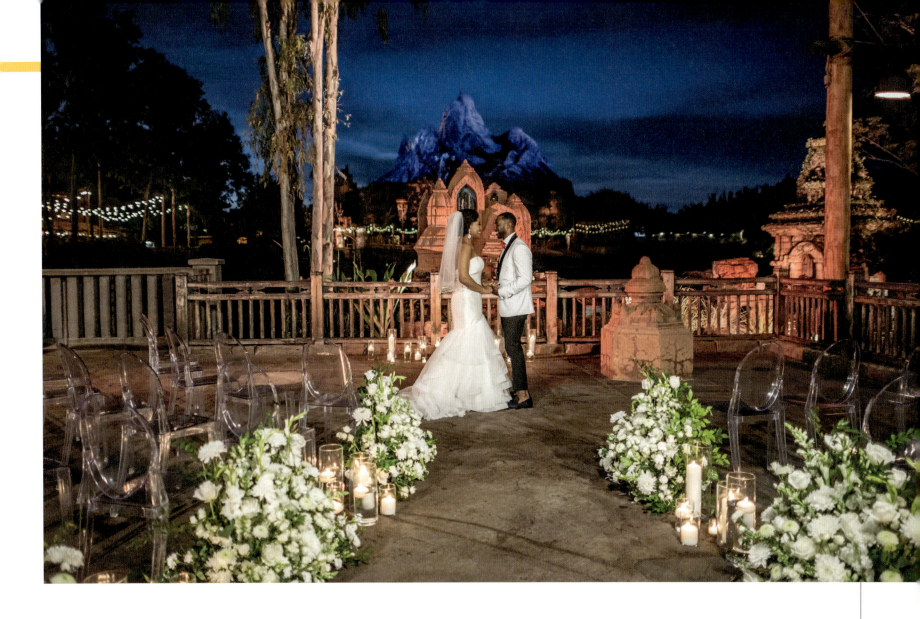

左：ディズニーの結婚式プランには、好きな映画やキャラクターをイメージしたウェディングケーキも含まれている。

上：背景の演出も大切だ。「誓います」の言葉とともに、ディズニー・アニマルキングダムのエベレストを輝かせることもできる。

　もっと多くを望むなら（より良いものを目指すのがディズニーの流儀だ）、お気に入りのディズニー・キャラクターにご登場願おう。ミッキーとミニーは何度もベストマンとメイド・オブ・オナーを務めている。あるいは、花火の演出で盛り上げる、飛び入り参加の"野暮ったい観光客"や"招かれざるウェディングゲスト"に笑いを取ってもらうという手もある。写真撮影は式場を飛び出してもいい。シンデレラ城、ツリー・オブ・ライフ、スペースシップ・アース、ホーンテッドマンションなど、好きな場所での撮影が手配できる。リクエストに遠慮は無用だ。

　どのように「誓います」を言うにせよ、ディズニー・フェアリーテイル・ウェディングはあなただけの魔法のような結婚式を約束する。

ディズニーランド・リゾートで

ディズニー流の晩餐を

最高級のデギュスタシオンコース

19 60年代、ウォルトは［カリブの海賊］のアトラクションの上に2つ目の部屋を計画していた（1つ目は消防署の上だ）。兄ロイと一緒に使う予定だったため、アトラクションの上にあるバルコニーの錬鉄製の手すりには、今も金色のWとRの文字がある。ニューオーリンズ・スクエアのディズニー家の住まいは、ウォルトの死により、完成を見ることなく終わったが、のちにディズニーの芸術や遺産を展示する「ディズニー・ギャラリー」として使われるようになった。

2008年になると"100万人の夢をかなえる年"と銘打ち、「ディズニー・ドリーム・ギブアウェイ」の一環としてディズニーランド・ドリーム・スイートがつくられた。ウォルトと妻リリアンが思い描いていた私邸のベースとなったのは、ディズニー・レジェンドであるドロシア・レドモンドにウォルトが依頼していたコンセプトアートだ。この特別な場所、「21ロイヤル」で、また1つ夢のような体験が実現された。ディズニーでも最上級のエレガンスに包まれた晩餐への招待である。

その夜は、パティオで執事がふるまうカクテルから始まる。次に各部屋を回り、魔法と驚きに満ちたしつらえに息をのんだら、いよいよ食の冒険に乗りだそう。舞台となるディズニー・ダイニングルームの豪華なテーブルには、白いリネン、金彩が施された食器、高級クリスタルのグラスがセットされている。出てくるのは、ミシュランの星つきレストランにも負けないマルチコースのテイスティングメニューだ。とびきりの食材、完璧な盛り付け、洗練されたセンスに舌を巻こう。デザートはバルコニーで。アメリカ河の眺めが素晴らしく、パークのナイトショー（花火が上がる日もある）も特等席で鑑賞できる。ディズニーならではの、忘れがたい美食体験となるだろう。

ディズニーランドの中心でディナーをどうぞ。テーブルはウォルト＆リリアン・ディズニーが思い描いていた私邸の中にある。

アドベンチャー・バイ・ディズニー、ナショナル ジオグラフィック・エクスペディションで

最果ての地を訪ねよう

南極大陸へ渡る2つの方法

ほとんどの人が目にすることのない南極大陸に自らの足で立ち、大自然の驚異を体感しよう。ナショナル ジオグラフィック・エクスペディションとアドベンチャー・バイ・ディズニーが、それぞれこの辺境へのバケーションを提供している。いずれも専門家が同行するツアーだ。別世界を間近で見るのに、あなたはどちらを選ぶだろうか。

　アドベンチャー・バイ・ディズニーが提供するのは、「世界の果て」と呼ばれる南米パタゴニアへの家族向け探検旅行だ。出発地はブエノスアイレス。訓練を受けたディズニーのアドベンチャーガイドと生物学者の一団とともに、まずはティエラ・デル・フエゴを探検する。6万4750ヘクタールに広がる国立公園で、青々と茂る森林、澄みきった湖、険しい山々、美しい浜辺など、大自然の絶景が待っている。現役で運行しているものとしては世界最南端の鉄道、エンド・オブ・ザ・ワールド・トレインにも貸し切りで乗れる。それから、クルーズ船に乗り込み、10日間を過ごすことになる部屋に落ち着こう。途中のドレーク海峡は、海の冒険家たちが憧れる伝説の水路だ。南極半島に到着後は、ミニツアーが複数用意されている。そびえる氷山を間近で見たり、ペンギンのコロニーの中を歩いたりできる。まだ数えるほどの人しか訪れたことのない場所、南極へもゾディアックボートで行ける。7番目の大陸を踏みしめ、地球上のどの場所とも異なる地形を探検してみよう。

右：ゾディアックボートが巨大な氷山と氷河のすぐ近くまで連れていってくれる。

p.390-391：アドベンチャー・バイ・ディズニーの南極ツアーでは、7番目の大陸に足を踏み入れ、ペンギンのコロニーを見ることができる。

　ナショナル ジオグラフィック・エクスペディションでは、南極をあらゆる視点から体験できる。最新式の極地探検船、ナショナル ジオグラフィック・エクスプローラー号、リソリューション号、エンデュアランス号には、科学者の一団も乗船する。ブエノスアイレスに集合し、2日間かけて体を慣らしたあと、世界最南端の都市、アルゼンチンのウスアイアへと飛行機で移動する。乗船する前に、美しいビーグル水道をカタマランボートでクルーズしよう。ドレーク海峡を通りながら、南極半島で待つ野生動物や地質について生物学者から話を聞く。到着後のスケジュールはフレキシブルに設定されているので、そのときの状況とチャンスに応じて、シャチを見たり、アザラシとペンギンが暮らす浜を歩いたり、砕氷群の間をカヤックで進んだりする。海底の専門家が遠隔操作車両（ROV）を使い、氷の下のたくましい海洋生物を撮影する様子も見られる。さらに、多様な生物の行動や関わり合い、南極大陸を形成する地質や気候の力、氷河の構造、そして、ナショナル ジオグラフィックの真骨頂とも言うべき美しい写真の撮り方を学ぼう。

南極こぼれ話

冒険家と打ちとけるための、楽しい豆知識をいくつか教えよう。南極点に立つと、どちらを向いても北になる。まわりの氷に惑わされてはいけない。南極大陸は砂漠で、地球上で最も乾燥した大陸の1つである。南極には時間帯は存在しない。高木も低木も存在しない。一部の魚の血中には、不凍剤に似た特別なタンパク質が含まれているという。

索引

アドベンチャー・バイ・ディズニー

ガイド付き中国（およびディズニー・パーク）ツアー 254

クリスマスのイベント 94

コペンハーゲンの旅 226

セーヌ川クルーズとライン川クルーズ 196

ナイル川クルーズとエジプト旅行 188

南極大陸へ渡る2つの方法 388

プライベートジェットで12のディズニー・パークを訪れる旅 378

冒険たっぷりのノルウェー旅行 242

ルアンパバーンでの喜捨体験 344

イリノイ州

シカゴ

ウォルト・ディズニーの生誕地 192

カリフォルニア州

アナハイム、バーバンク、ロサンゼルス、パームスプリングス、サンフランシスコ

ウォルト・ディズニー・スタジオ 76

ウォルト・ディズニー・ファミリー博物館 58

ウォルトが愛したレストラン 280

ウォルトの納屋 128

映画の魔法 104

グリフィス・パークの回転木馬 232

D23 Expo 76

ロサンゼルスのカートゥーン・スタジオ 156

ダウンタウン・ディズニー

ピン・トレーディング 96

ディズニー・カリフォルニア・アドベンチャー・パーク

アベンジャーズ・キャンパス 50

大人のディズニー 291

クラブ33 302

絶叫系アトラクション 144

日没後のパーク 334

夕暮れのカーズランド 63

ルナ・ニューイヤーのお祝い 312

ディズニー・グランド・カリフォルニアン・ホテル&スパ

すてきなホリデーを過ごそう 90

ディズニーランド・テーマパーク&リゾート

イヤーハットを刺繍でカスタマイズ 44

ウォルトの足跡をたどるツアー 346

オーガのカンティーナ 292

お城を愛でよう 338

隠れミッキー 137

ガジェットを使いこなそう 89

キャラクターダイニング 268

クラブ33 302

クリスマスのイベント 94

個性あふれるスイートルーム 358

国旗降納 48

ジャングル・リバー・クルーズ 82

絶叫系アトラクション 144

ディズニー・パークのマウンテン 166

ディズニーならではの食体験 314

ディズニー流の晩餐 389

トゥモローランド・スカイライン・ラウンジ・エクスペリエンス 286

トレーダー・サムの魅惑のチキバー 266

日没後のパーク 334

花火 108

パレードに参加しよう 70

ハロウィーンのイベント 34

ビビディ・バビディ・ブティック 64

ピン・トレーディング 96

VIPツアー 378

ブルーバイユー 298

ポップコーンをとことん楽しもう 330

ミッキーとミニーに会おう 98

メインストリートUSA 20

夜間の映画鑑賞 104

ディズニーランド・ホテル

個性あふれるスイートルーム 358

トレーダー・サムの魅惑のチキバー 266

中国

上海ディズニーランド

アドベンチャー・バイ・ディズニーの中国ツアー 254

お城を愛でよう 338

カリブの海賊：バトル・フォー・ザ・サンケン・トレジャー 138

キャラクターダイニング 268

『ズートピア』のテーマランド 56

ダッフィー&フレンズ 54

トイ・ストーリーホテル 32

花火 108
ミッキーアベニュー 25
ミッキーとミニーに会おう 98
ルナ・ニューイヤーのお祝い 312

香港ディズニーランド
アイアンマン・エクスペリエンス 42
アドベンチャー・バイ・ディズニーの
　中国ツアー 254
お城を愛でよう 338
キャラクターダイニング 268
クリスタル・ロータスのディズニー点
　心 288
ジャングル・リバー・クルーズ 82
ダッフィー&フレンズ 54
ディズニーならではの食体験 314
花火 108
ビビディ・バビディ・ブティック 64
フェスティバル・オブ・ザ・ライオン・
　キング 215
ルナ・ニューイヤーのお祝い 312

ディズニー・クルーズライン
アクアマウス 258
ウォルター・Eまたはロイ・O・ディ
　ズニーのスイート 368
クリスマスのイベント 94
バハマのプライベートオアシス 218
ハロウィーンのイベント 34
ビビディ・バビディ・ブティック 64
ミッキーとミニーに会おう 98
3つのツアーでアラスカを知ろう 180
メリダのふるさとを訪ねよう 140

ディズニー・バケーション・クラブ
ディズニー・バケーション・クラブ・
　メンバー・クルーズ 250
ディズニー・ヒルトンヘッド・アイラ
　ンド・リゾート 126

ディズニー・ベロビーチ・リゾート
　162

ナショナル ジオグラフィック・エクスペディション
イエローストーン国立公園 236
大型類人猿を支援しよう 184
ガラパゴス諸島へ遠征しよう 208
グランド・ティートン国立公園 236
プライベートジェットで世界一周の旅
　377
南極大陸へ渡る2つの方法 388

日本

東京ディズニーシー
大人のディズニー 291
ダッフィー&フレンズ 54
花火 108
ハロウィーンのイベント 34

東京ディズニーリゾート
お城を愛でよう 338
キャラクターダイニング 268
ダッフィー&フレンズ 54
ディズニー・パークのマウンテン
　166
トイ・ストーリーホテル 32
花火 108
パレードに参加しよう 70
ハロウィーンのイベント 34
メインストリートUSA 20

バハマ諸島

キャスタウェイ・ケイ
バハマのプライベートオアシス 218
ランディズニー・レース 118

ハワイ州

アウラニ・ディズニー・リゾート&スパ
カ・ヴァア：ルアウ 142

カタマランボート 116
ダッフィー&フレンズ 54
ディズニーならではの食体験 314
プライベート・シュノーケリング 116
ミッキーとミニーに会おう 98
メネフネ・アドベンチャー・トレイル
　155

フランス

ディズニーランド・パリ
『アナと雪の女王』のテーマランド
　248
ウォルツ（アメリカン・レストラン）
　310
お城を愛でよう 338
大人のディズニー 291
海底2万マイル（ノーチラス号の謎）
　68
キャラクターダイニング 268
城の地下のドラゴン 41
花火 108
パレードに参加しよう 70
ハロウィーンのイベント 34
ビストロ・シェ・レミー 326
ミッキーとミニーに会おう 98
メインストリートUSA 20

フロリダ州

ウォルト・ディズニー・ワールド・リゾート
アンフィカーのガイド付きツアー
　364
ウォルト・ディズニー：マーセリーン・
　トゥ・マジックキングダム・ツアー
　375
オーガのカンティーナ 292
お城を愛でよう 338
隠れミッキー 137

ガジェットを使いこなそう 89
カリフォルニア・グリル 354
キー・トゥ・ザ・キングダム・ツアー 372
キャラクターダイニング 268
クラブ33 302
シンデレラ・ロイヤルテーブル 262
スター・ウォーズ：ギャラクティック・スタークルーザー 216
ディズニー・パークのマウンテン 166
ディズニー・フェアリーテイル・ウェディング 380
ディズニーならではの食体験 314
7つの海へ漕ぎ出そう 170
花火 108
パレードに参加しよう 70
ハロウィーンのイベント 34
ビー・アワ・ゲスト・レストラン 262
ビビディ・バビディ・ブティック 64
ピン・トレーディング 96
VIPツアー 378
フープ・ディー・ドゥー・ミュージカル・レビュー 26
フォーシーズンズ・オーランド 366
ミニチュアゴルフ 148
ムービー・アンダー・ザ・スターズ 104
ランディズニー・レース 118

エプコット
エプコット・インターナショナル・フード&ワイン・フェスティバル 274
大人のディズニー 291
隠れミッキー 137
クラブ33 302

シー・ウィズ・ニモ&フレンズ 132
スペース220 324
絶叫系アトラクション 144
リビング・ウィズ・ザ・ランド 306

ディズニー・アニマルキングダム・テーマパーク
クラブ33 302
サファリ・ツアー 172
自然探検隊員になろう 150
ティフィンズ 294
ノマド・ラウンジ 294
パンドラ：ザ・ワールド・オブ・アバター 202
ラフィキのプラネット・ウォッチ 220

ディズニー・グランド・フロリディアン・リゾート&スパ
すてきなホリデーを過ごそう 90
ビクトリア&アルバートのシェフズテーブル 328

ディズニー・コンテンポラリー・リゾート
カリフォルニア・グリル 354
花火 108

ディズニー・スプリングス
アンフィカーのガイド付きツアー 364
ビビディ・バビディ・ブティック 64
ピン・トレーディング 96

ディズニー・タイフーン・ラグーン・ウォーターパーク
波のプールでサーフィンに挑もう 362

ディズニー・ハリウッド・スタジオ
隠れミッキー 137
クラブ33 302
絶叫系アトラクション 144

ミッキーとミニーに会おう 98
ディズニー・フォート・ウィルダネス・リゾート&キャンプグラウンド
7つの海へ漕ぎ出そう 170
フープ・ディー・ドゥー・ミュージカル・レビュー 26
ディズニー・ブリザード・ビーチ・ウォーター・パーク
サミット・プラメット 160
ディズニー・ポリネシアン・ビレッジ・リゾート
水上バンガロー 352
トレーダー・サムのグロッグ・グロット 266
7つの海へ漕ぎ出そう 170
ディズニー・リビエラ・リゾート
旅人の本棚 240
マジックキングダム・パーク
お城を愛でよう 338
クラブ33 302
国旗降納 48
シンデレラ・ロイヤルテーブル 262
シンデレラ城のスイート 360
絶叫系アトラクション 144
ハーモニー・バーバー・ショップ 52
パイレーツ・アドベンチャー 125
ビー・アワ・ゲスト・レストラン 262
ポップコーンをとことん楽しもう 330
ミッキーとミニーに会おう 98
メインストリートUSA 20

ミズーリ州
マーセリーン
ウォルト・ディズニー・ホームタウン博物館 84
ウォルトの故郷 84

謝 辞

　自著『Walt's Disneyland: A Walk in the Park With Walt Disney』執筆のためにリサーチをしていたとき、無数の資料のなかで、とりわけ助けになったのが、『ナショナル ジオグラフィック』誌の1963年8月号だった。そこには、ウォルトへの踏み込んだインタビュー記事に加え、トーマス・ネビアによるカラー写真も掲載されていた。メインストリートUSAでウォルトが楽しそうにサインをする姿をとらえたショットだ。愛するディズニーランドでウォルトが顔を輝かせている、その感動的なひとコマを、私は表紙の写真に選んだ。そこからナショナル ジオグラフィックとの関係が始まるとは思いもしなかった。

　2021年7月、友人でありディズニー・エディションズの編集者であるウェンディ・レフコンから電話があった。ディズニー・ファミリーの一員となったナショナル ジオグラフィックが、ウォルト・ディズニー・カンパニーの100周年を祝う書籍を計画しているという。私にぜひ参加を検討してほしいという話で、ナショナル ジオグラフィックのチーフエディター、アリソン・ジョンソンに紹介された。そして、この素晴らしいプロジェクトをオファーされた。

　アリソン、この大作を私に任せてくれて、ありがとう。あなたの洞察力、熱意、忍耐は何ものにも代え難いものです。この共同作業こそが一生に一度の冒険でした！

　リサ・Tことリサ・トーマスと、リサ・Gことリサ・ゲリー、本書のとりわけ初期の段階で賢明な提案と頼もしいナビゲーションをしてくれたことに感謝します。この本の実現を可能にしてくれたナショジオの皆さん――特にアシュリー・リース、ニコル・M・ロバーツ、エリサ・ギブソン、マイケル・オコナー、ベッカ・サルツマンにもお礼を申し上げます。それから、見事な画像を用意してくれたエイドリアン・コークリー。コピーエディターのヘザー・マクルウェイン。校正者のジェニー・ミヤサキとラリー・シェイ。そしてサラ・マルバニーには風変わりな地図のお礼を。

　ウォルト・ディズニー・ワールドに関するリサーチをサポートしてくださったクリス・オストランダーと、彼のチーム「シナジー」のケイラ・ウォード、リンダ・アファルター、スティーブ・ウィルコックスに感謝を捧げます。同様に、この"世界一マジカルな場所"に関しては、ディズニーの動物・科学・環境プログラムのカイル・M・ヒュッターとVIPガイドのクリス・ジローラモにもお礼申し上げます。最後に私のディズニー友だちにも謝意を伝えます。マイク・バーゴ、ケイ・マリンズ、ケイトリン・マネーペニー＝ジョンストン、ブリー・ベルトラッチーニ、ジェフ・イノ、マリア・マサド、アンバー・ワシントン、サミー・フェルザッカ、ライアン・マーチ、クリストフ・ツビンデン、ジョセフ・ティティジアン、助けてくれて、ありがとう。

ジョー・ロード、私の何よりの願いは、あなたに「まえがき」を書いてもらうことでした。その夢がかないました。ナマステ! また、本書の編集者諸氏には助言と導きに深く感謝いたします。ウォルト・ディズニー・アーカイブスのケビン・M・カーン、ニコル・M・キャロル、エド・オバレ、マイク・バックホフ。あなた方と仕事をすることは、常に名誉であり喜びでした。

　ご協力くださったウォルト・ディズニー・カンパニーのすべての皆様に、心よりお礼を申し上げます。

　そして最後に、私に冒険というものを教えてくれたトム・ソーヤとハックルベリー・フィンにも……。

著者について

マーシー・キャリカー・スマザーズ

ファンの間で人気が高く、『ニューヨーク・タイムズ』紙の注目の新刊にも選ばれた『Eat Like Walt: The Wonderful World of Disney Food』の著者。ラジオパーソナリティーとしても知られ、フード・ネットワークのガイ・フィエリと共演する「ザ・フード・ガイ・アンド・マーシー・ショー」はじめ、複数の番組のホストを務める。ウォルト・ディズニー・ワールドの50周年を記念した『Delicious Disney: Walt Disney World: Recipes & Stories From the Most Magical Place on Earth』を執筆(共著)。また、ディズニーにまつわるすべて、とりわけディズニーランドへの愛から、『Walt's Disneyland: A Walk in the Park With Walt Disney』を執筆した。

ジョー・ロード（まえがき）

ウォルト・ディズニー・カンパニーのイマジニアとして40年以上を過ごし、ディズニー・アニマルキングダム、アウラニ・ディズニー・リゾート&スパ、新しいところではパンドラ：ザ・ワールド・オブ・アバターなど、ディズニーを代表する体験やアトラクションに命を吹き込んだ。アーティスト、自然保護主義者、旅人、ストーリーテラー。現在はクリエイティブ・コンサルタントとして活動している。

マントのしまい忘れにご注意

▼ディズニー・ウィッシュ号に信じられないような未来的なスポーツアリーナ「ヒーローゾーン」が誕生。家族みんなで楽しめるアクション満載の無料スポーツハブだ。バスケットボール、サッカー、シャッフルボード、卓球、テーブルサッカー、エアホッケーなどができる。インクレディゲームの会場でもある！　クルーズゲストを待ち構えるのは、障害物を突破したり体力がものをいったりするインタラクティブなゲームショーだ。Mr.インクレディブルのパワーパンチに、ジャック・ジャックのワッカラック、イラスティガールのストレッチオーラーマ、ダッシュのマッドダッシュ・メイヘム、ヴァイオレットのフォース・フィールド・スウィング、そしてフロゾンのアイススライド。ダッシュが聞いている。「いつ着くの？」

３つの夢のサーカス

▼シルク・ドゥ・ソレイユ、ウォルト・ディズニー・アニメーション・スタジオ、ウォルト・ディズニー・イマジニアリング──３つのクリエイティブ・アイコンが初めてコラボレーションしてつくりあげた壮大な作品「ドローン・トゥ・ライフ」がディズニー・スプリングスで上演されている。ディズニーの比類なき遺産が、アニメーションとアクロバティックなライブパフォーマンスの融合を介して一段と光り輝いているのだ。希少な鉛筆描きのスケッチや最新のアニメーション、クラシックキャラクターたち、めくるめく演出、ディズニー・クラシックスにインスパイアされたオリジナル楽曲、そしてシルク・ドゥ・ソレイユならではの斬新なステージングなど、ディズニーファンもシルクファンも必見のショーだ。

さほど隠れていない隠れ家

▲ハイドアウト──隠れ家のような場所は、〈クラブ33〉（p.302参照）の前にあった。ディズニーランドの構想を練り始めた当初から、ウォルトは、プライベートな空間をつくりたいと言って譲らなかった。経費削減を謳うスタッフにも、「ハイドアウトは絶対に残す！」と釘を刺していたほどだ。とてつもなく広いその部屋は、「ディズニールーム」とも呼ばれていた。そこはプラザ・イン改装時に撤去されたが、ハイドアウトで用いられていた三連窓は、救護室正面に今でも見ることができる。ウォルトの２つめのハイドアウトは、プラザ・インのトゥモローランド側にあった。ラップアラウンドポーチの一番奥にある、色鮮やかなステンドグラス窓をアクセントに配した独特なドアまでは歩いていけるので、三連窓とステンドグラスの窓、両方を写真に収めて、ウォルトの時代の窓をじっくりと眺めてみよう。

特大ポテトを食べるなら、運動しよう

▼開園前に入園できるのは、いつだってワクワクする。とはいえ、そのためにランジやストレッチ、ジャンピングジャックなどのトレーニングをする気はあるだろうか。ディズニー・グランド・カリフォルニアン・ホテル&スパのテナヤ・ストーン・スパでは、ディズニーランド・リゾート内のホテルに宿泊するゲストのために、さまざまなグループフィットネスを開催している。ディズニー・カリフォルニア・アドベンチャー・パーク内でおこなわれる、ブートキャンプやパワーウォーキング、アスレチックアトラクションの［レッドウッド・クリーク・チャレンジ・トレイル］などから好きなものを選ぼう。頑張ってカロリーを消費したら、やっぱりランチは特大ポテト!?

ディズニーの物語の中に暮らす

▼ゴールデン・オークは、ディズニーが開発した住宅コミュニティーだ。オーランドのウォルト・ディズニー・ワールドのすぐ近くにある。そしてもうすぐ、カリフォルニアに新たなディズニーコミュニティーが完成する！ ストーリーリビング・バイ・ディズニーによる「コティーノ」というコミュニティーがつくられるのは、パームスプリングスだ。「コティーノ」というのは、「スモークツリー」を意味するcotinusから派生した言葉で、砂漠にたたずむウォルトの隠れ家スモークツリーランチへのオマージュだ。ここなら毎日、ディズニーの物語の中に生きられる。一戸建てもコンドミニアムもある。ホテル滞在も可能だ。もちろんアトラクションもある。澄んだターコイズブルーの湖にウォーターアクティビティー、そしてビーチパークを中心とした、広大な「オアシス」がつくられる（そこに暮らしていなくても、ワンデーパスを購入すれば利用可能）。ディズニーランドからは車でたったの2時間だ。

楽しく「ファー！」

▼タイガー・ウッズとデビッド・ベッカムを一緒にしたらどうなるだろう。じっくり構えて正確に打っていくゴルフと、協調しつつ激しく動くサッカーを組み合わせたスポーツ、それがフットゴルフだ。オーランドのディズニーズ・オーク・トレイル・ゴルフ・コース内の9ホールのコースには、サッカーボール用に特別につくられた直径53センチのカップがある。ルールはゴルフによく似ていて、バンカーもハザードもある、パー3、4、5の難易度の高いコースが揃っている。

まだまだある！素晴らしい23の冒険

素敵なスターたち

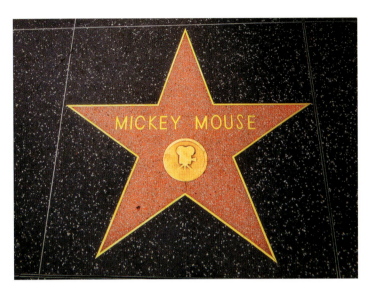

◀ ロサンゼルスのハリウッド・ブールバードへ行き、ハリウッド・ウォーク・オブ・フェーム*¹にある、ディズニー兄弟の星型プレートと写真を撮ろう。ウォルトの星は2つ。1つは映画産業への貢献が認められた星（7021 Hollywood Blvd.）で、もう1つはテレビ放送業界への貢献を顕彰した星（6747 Hollywood Blvd.）だ。兄ロイの星は6833 Hollywood Blvd.にあるので探してみよう。ディズニーランドにも星型プレートがある。ディズニー・スタジオ・ストアとギラデリ・ソーダ・ファウンテン＆チョコレート・ショップの前だ。もちろんディズニーキャラクターたちも探そう。ミッキーマウスにミニーマウス、白雪姫、ドナルドダック、ティンカー・ベル、くまのプーさん、カーミットもいる。

*¹ エンターテインメントに貢献した人を讃える星が路面に埋め込まれている

ゴールデンホースシュー

▶ ディズニーランドにあるゴールデンホースシューサルーン。客席から見てステージのすぐ右脇（ステージから見たら上手側）には、ウォルト専用のボックス席があった。だが彼は飾らない人柄だったので、たいていは多くの観客に混じってメインフロアにいた。そのボックス席は現在一般公開されていて、先着順で利用できる。さあ、ランチやディナー、デザートのアイスクリームを堪能しながら、ショーも楽しもう。最前列よりもさらにステージに近いボックス席で！

クラブ・クールで
クールダウン

◀コカ・コーラ社とディズニーとの関係は、ディズニーランドがオープンした日から続いている。コカ・コーラはウォルトお気に入りの炭酸飲料でもあり、消防署の上にあった彼のアパートにはつねにストックされていた。今は、コカ・コーラ社が提供するエプコット内のクラブ・クールで世界中のコカ・コーラの味を楽しめる。例えば、トロピカルフルーツの入ったマダガスカルのボンボン・アングレ、ライチとリンゴの味がする韓国のミニッツメイドジョイ、モルドバのビバラズベリー。ほかにもイタリアやフィリピン、ドミニカ共和国などの炭酸飲料が揃っているが、味や国は頻繁に変わる。パビリオンの名前のまま、中はエアコンが効いていて、暑い日などはことのほか涼しくて最高だ。

香港でカンガルーシュ！

▼香港ディズニーランドのエクスプローラーズ・クラブで歓迎してくれるのは、S.E.A.（探険家＆冒険家協会）のメンバー、ヘンリー・ミスティック卿だ。卿が最も心惹かれた5カ国――中国、インド、ロシア、モロッコ、エジプト――それぞれの特徴を活かしてデザインされたダイニングルームがあり、卿が探検から持ち帰ったさまざまな工芸品や思い出の品、宝物などが並んでいる。ウォルト・ディズニー・ワールド・リゾートにあるアドベンチャーズ・クラブのファンなら、エクスプローラーズ・クラブ・レストランの入口に飾られた部族マスクに見覚えがあるだろう。これらは、2008年にプレジャーアイランドのナイトクラブがクローズしてのち、香港に移された。ミスティック卿はここで、あなたに会えるのを楽しみに待っている。

マーク・トウェイン号の
「コパイロット」

◀ミシシッピ川を渡るという少年時代の夢が叶わなかったウォルトは、ディズニーランドのために独自の蒸気船をつくり、憧れの人の名前をつけた。その蒸気船マーク・トウェイン号は、1955年からずっとアメリカ河を航行している。船を操るのは船長やパイロットだ。ゲストも操舵室に入れてもらい、彼らと一緒に素晴らしい眺め――ニューオーリンズ・スクエアに［ホーンテッドマンション］にトムソーヤ島――を堪能させてもらえることもある。ただしこれはいささか運に左右される。操舵室に入れてもらえるゲストは、キャストがランダムに選ぶからだ。ただし中には、フロンティアランドの船着場で乗船前に問い合わせて、見事入れるゲストもいる。よい旅を！

究極の隠し要素

▼創造性と遊び心の文化で知られるピクサー。中には、カリフォルニア州エメリービルにある自分のオフィスに秘密のラウンジをつくったアニメーターもいる。同じような空間は、ディズニーランドのピクサー・ピア内に位置するランプライト・ラウンジにもある。関係者が「オフィス」と呼ぶその場所がどこにあるかは「秘密」だ。ディズニーランドのアプリでは予約できない。運試しで、「オフィス」にアクセスできるかレストランのキャストに聞いてみよう。運がよければ、工場のような廊下を通り、銀行の巨大な金庫を思わせる扉まで案内してもらえるだろう。秘密の扉が開かれれば、ディズニーやピクサーのイマジニアやイラストレーターたちによる手書きのスケッチやボードゲーム、軽食が迎えてくれる。ディズニーランドのVIPツアー（p.378参照）ゲストなら、ツアーガイドを介して予約できるだろう。

ストーリーブックで航海日誌にサインしよう

▼朝一でディズニーランドに入ったら、多くの人がまずは［ピーターパン 空の旅］に向かうだろう。だが今回は、ファンタジーランドの別のアトラクションをリストのトップに持ってきたくなるかもしれない。それが［ストーリーブックランド・カナルボート］だ。なにしろその日最初のゲストや団体客は、船長の航海日誌にサインをさせてもらえるのだから。その朝誰よりも先にクジラのモンストロの口の中を通っていけるのはもちろん、生涯ディズニー自慢ができるだろう。それにいつの日か、そのサインを自分の孫にも見せてあげられるかもしれないのだ。

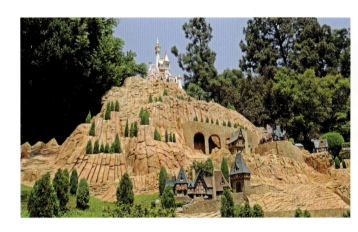

アジアのアレンデール王国

◀「アレンデールが危機」なわけではないが、香港ディズニーランドホテルのキングダム・クラブ・フローズン・スイートには素晴らしい冬景色が広がっているだろう。オラフのぬいぐるみと遊んだり、クリストフのそりを模したソファでくつろいだり、降り積もる雪をイメージした天井を眺めながら、アナとエルサにぴったりのベッドで休んだり、『アナと雪の女王』の世界をテーマにしたスリッパをはじめとする専用のアメニティーやアフタヌーンティーセットを堪能しよう。キングダム・クラブ・ラウンジでは、無料のスイーツやセイボリーが食べられる。さらに夜のお楽しみは、パジャマ姿のディズニーキャラクターの登場だ。彼らが部屋にやってきて、寝る前に本を読んでくれるだろう。

十二支

▼十二支は中国文化において大きな意味を持っている。そこで上海ディズニーランドのガーデン・オブ・12フレンズでは、それをディズニー風にアレンジして表現している。たとえば子年ならレミー、辰年はムーシュ、亥年はハム、などだ。十二支のキャラクターをモチーフにした、素晴らしいディズニーフィギュアやコレクターズアイテムも販売されている。いずれも上海リゾート限定で、足を運ぶべき12の理由だ。

ニューヨーク万博のアトラクションを体験しよう

▶ウォルトとイマジニアたちは、1964～1965年のニューヨーク万博のためにアトラクションを4つ開発した。万博での大成功を受けて、アトラクションの人形などはほぼそのままディズニーランドに移設し、その後、それ以外のいくつかは、ウォルト・ディズニー・ワールドのために改めて制作された。

ディズニーランドで体験できる万博のアトラクションは、[グレート・モメンツ・ウィズ・ミスター・リンカーン](ウォルトはエイブラハム・リンカーン大統領を敬愛していた)と[イッツ・ア・スモールワールド]だ。ディズニーランド鉄道に乗ったら、プライミーバル・ワールドの恐竜のジオラマをよく見てみよう。これもまた、万博のためにディズニーが制作したアトラクション「フォード・マジック・スカイウェイ」で展示されていたものだ。

マジックキングダムにある[カルーセル・オブ・プログレス](ディズニーランドに最初に移設された)は、長年にわたって何度となく手を入れられながらも、いまだ現役のアトラクションだ。「フォード・マジック・スカイウェイ」は、のちにディズニーランドに移築され、「ピープルムーバー」と名を変えた。ディズニーランドではすでに廃止されているが、[トゥモローランド・トランジット・オーソリティ・ピープルムーバー]が、今でもウォルト・ディズニー・ワールドのトゥモローランドを一周している。

へんてこりん、ヘンテコリン

▶ディズニーランド・パリにある[アリスの不思議なラビリンス]、そこで家族と不思議の国を散策し、素敵な冒険に出かけよう。生垣でできた迷路を進み、好奇心旺盛なヒロインに倣って、白うさぎの穴に飛び込もう。いろいろな大きさのドアを通っていけば、不思議な動物たちがいる。チェシャ猫にも会えるだろう。頑張ってハートの女王の手強い迷路を抜けたら、その先には「眠れる森の美女の城」が待っている。

ルート66を旅しよう

▼映画『カーズ』の監督やスタッフ──それに、ディズニー・カリフォルニア・アドベンチャー・パークにカーズランドをつくりあげたイマジニアたちも──は映画とテーマパークのインスピレーションを求めて、実際にルート66を旅して回った。ルート66はイリノイ州シカゴとカリフォルニア州サンタモニカを結ぶ旧道だが、ラジエーター・スプリングスは、アリゾナ州キングマンとオクラホマ州タルサ間を走る約1600キロメートルの州間高速道路沿いにあるさまざまな場所からインスピレーションを得ている。例えば「ラモーンのボディ・アート」はテキサス州シャムロックにあるユードロップインが元ネタだ。さらに知りたいなら、『カーズ』シリーズに歴史専門家として参加したマイケル・ウォリス──映画に登場するシェリフの声優も務めた──の著書「Route 66: The Mother Road」を読んでみよう。カッチャオ！

サングリア大学で卒業証書取得

▼ディズニー・コロナド・スプリングス・リゾートにある湖の中央に建つ建物ヴィラ・デル・ラーゴ。その中にあるのがスリー・ブリッジ・バー＆グリルだ。3つの橋でアクセスできることからその名がつけられた。スペインとアメリカの雰囲気、そして料理が楽しめるオープンエアのレストランだ。週末には、サングリアの歴史を学び、レストランで提供しているさまざまなサングリア*2のレシピを教えてもらえる授業もある。授業では、サングリアの試飲もできれば、新鮮なフルーツやベースにするアルコールを自分で選び、それらを使ってオリジナルのサングリアもつくれる。サルー！

*2 フルーツを加えたワイン

「大丈夫、きっと登れる」

▶時と場合によっては──そして機関士の気が向いたときだけではあるが──ディズニーランド蒸気機関車の運転席後部にある席に2人まで座れることがある。この体験ができるのはメインストリート駅でだけだ。当日車掌に、テンダーという炭水車（燃料と水を積載した車両）に乗れるか聞いてみよう。その場合は必ず、長ズボンとつま先の閉じた靴を着用すること。乗れるとなっても、ひたすら待つ覚悟が必要だ。何本か列車を見送らなければならないかもしれない（すべてのテンダーに座席があるわけではないからだ）が、いったんシートベルトを締めれば、生涯忘れられない列車の旅が始まる。

シルバラード・トレイルの秘密

▲サンフランシスコにあるプレシディオの北には、ナパ・バレーの宝石のように美しいブドウ畑が広がる。ウォルトの愛娘ダイアン・ディズニー・ミラーとその夫ロン・ミラー、そしてダイアンの母でウォルトの妻リリアン・ディズニーが1981年に設立したシルバラード・ヴィンヤーズでは、146ヘクタール（1.46平方キロ）にも及ぶ6つの自社畑で長年にわたって栽培をおこなっている。そんな由緒ある畑を現在管理しているのは、ミラー家の3代目と4代目たちだ。バレーを見渡せる丘の上のパティオで、ディズニーの歴史を味わいながら、彼らが額に汗してつくった果実の風味を堪能しよう。

ちなみに、以下もすべて「ディズニー・ファミリー・オブ・ワイン」に含まれる。ディズニー・レジェンド、フェス・パーカーが創業したフェス・パーカー・ワイナリー、同じくディズニー・レジェンドのフレッド・マクマレー創業のマクマレー・エステート・ヴィンヤーズ、やはりディズニー・レジェンド、カート・ラッセルのゴジ・ワインズ、元ウォルト・ディズニー・カンパニー社長、故フランク・G・ウェルズの姉妹が営むシャペレ・ワイナリー、元ディズニーの重役リッチ・フランクが有するフランク・ファミリー・ヴィンヤーズ、そしてスカイウォーカー・ヴィンヤーズ。この所有者はディズニー・レジェンド、ジョージ・ルーカスだ。

ディズニー・スプリングスの恐竜の日

▼ディズニー・スプリングスにある、ビルド・ア・ベア・ワークショップに併設されたビルド・ア・ディノに行けば、友だちができる。そう、フレンドサウルスだ！ まずは、先史時代の友だちの種類と色を選ぼう。次は心臓だ。草食でも肉食でも、恐竜には心臓がある。新しい友だちにぴったりの心臓を決めたら、それを友だちの体の中に入れていく。子どもにも一緒に綿を詰めてもらって、友だちに命を吹き込んでいこう。その後、出生証明書がもらえる。次は洋服やアクセサリーを選ぼう。どんな場面にも対応できるだけの衣装が揃っている。

冒険の続きはT-REXカフェで。このレストランもインタラクティブなアトラクションで、実物大のアニマトロニクス恐竜がいる。子どもたちは、宝石を探したり、オクトパスバーを眺めたり、化石発掘を体験したりできる。大人はブロントバーガーとラプトルリータのセットを堪能してもいいだろう。

世界各国のイベント

▼ワールド・ショーケース・ラグーンに突き出たイタリア館イゾラ。一方にはヴェネチア風の建物と賑やかな広場が、もう一方には湾曲した水辺の景色が広がるここは、どんなイベントにも理想の場所だ。イベントの内容も日時もメニューもあなた次第。夜はエプコットのショーが堪能できて特に魅力的だ。おや、屋内の場所を探している？ それならアメリカン・アドベンチャー館やリビング・シー・サロン、ワールド・ショープレイス・パビリオン、中国館でも、夢のディズニーパーティーを実現できる。

写真クレジット

PHOTOS FROM THE WALT DISNEY COMPANY (TWDC)
Cover, Photo illustration by Matt Stroshane; back cover, Andrea Barnett; 2-3, Kent Phillips; 4-5, Jeff Clausen/Mark Stockbridge; 7, TWDC; 9, TWDC Archives; 13(B/C), TWDC Archives; 14, TWDC Archives; 15(C/D), TWDC Archives; 17(C/E), TWDC Archives; 18-9, Matt Stroshane; 22-3, Justin Seeley; 24, Kent Phillips; 27, TWDC; 28-30, Matt Stroshane; 31, Ryan Wendler; 33, TWDC; 35, David Roark; 36-7, Gary Copeland; 38(A), Andrea Barnett; 38(D), TWDC; 39(B), Kent Phillips; 39(C), Kim Ruggiero; 39(E/H), Ali Nasser; 39(F), Chloe Rice; 39(G), David Roark; 40-1, Kent Phillips; 43, TWDC; 46(A), Amy Smith; 47(E/F/G/H), TWDC Archives; 51, Kent Phillips; 53-7, TWDC; 62-3, Chris Sista; 65, Caitie McCabe; 66-9, Kent Phillips; 71-4(A/D), Matt Stroshane; 75(B/E), Chloe Rice; 75(C), David Roark; 75(F), TWDC; 75(G), Kent Phillips; 75(H), Todd Anderson; 77-81, TWDC; 83, Chloe Rice; 88-9, Chloe Rice; 91, David Nguyen; 92-3, Kent Phillips; 94(A), Andrea Barnett; 94(D), Mark Ashman; 95(B), Caitie McCabe; 95(C/F), Preston Mack; 95(E), Chloe Rice; 95(G), Ali Nasser; 95(H), Ryan Wendler; 97, Chloe Rice; 99-101, Matt Stroshane; 102, Chloe Rice; 103, Amy Smith; 105, Diana Zalucky; 106-7, Andrea Barnett; 109-11, Kent Phillips; 112, Bob Desmond; 113, Matt Stroshane; 114(A), Andrea Barnett; 114(D), David Roark; 115(B), Jeff Nickel; 115(C), David Roark; 115(E), Kent Phillips; 115(F), Andrea Barnett; 115(G/H), Bob Desmond; 117, Florian Geis; 119-23(A/B/D/G/H), TWDC; 123(C/E/F), Chloe Rice; 124-5, Bob Desmond; 127, Preston Mack; 130-1, TWDC Archives; 133-5, Caitie McCabe; 136-7, Charlie Champagne; 139, TWDC; 141, Diana Zalucky; 143, Chloe Rice; 145, Kent Phillips; 146-7, Matt Stroshane; 149, Steven Diaz; 151, Kent Phillips; 152-3, TWDC; 154-5, David Roark; 157-9, TWDC Archives; 161, Matt Stroshane; 163, TWDC; 164-5, Preston Mack; 167, Chris Sista; 168-9, Chloe Rice; 171, Claire and Jeremy Weiss; 173, Matt Stroshane; 174-5, David Roark; 176, TWDC; 177, Chris Sista; 178-9, Matt Stroshane; 181, Diana Zalucky; 182-3, Ryan Wendler; 189, Kent Phillips; 193-5, TWDC Archives; 198-200, Chloe Rice; 201, TWDC; 203, Matt Stroshane; 204-6(A), Caitie McCabe; 206(D), Matt Stroshane; 207(B), Jeff Nickel; 207(C/E/G), Caitie McCabe; 207(F), Frédéric Lagrange; 207(H), Matt Stroshane; 214-7, Matt Stroshane; 219, Diana Zalucky; 221, Todd Anderson; 222-3, Jeff Clausen/Mark Stockbridge; 224(D), Jeff Clausen/Mark Stockbridge; 225(B/E), Jeff Clausen/Mark Stockbridge; 225(C), Bob Desmond; 225(F), Todd Anderson; 225(G), David Roark; 227, Kent Phillips; 230, Kent Phillips; 233-5, TWDC Archives; 240-1, Kent Phillips; 246, TWDC; 248-53, TWDC; 255, Kent Phillips; 259, Photo illustration by Kent Phillips; 260-1, Jeff Clausen; 263, Mark Stockbridge; 264-5, Matt Stroshane; 267, David Roark; 269, Diana Zalucky; 270-2(A), Kent Phillips; 272(D), Caitie McCabe; 273(B), Chloe Rice; 273(C/E/H), Caitie McCabe; 273(F), Melanie Acevedo; 273(G), Amy Smith; 275, Matt Stroshane; 276-7, Chris Sista; 278-9, Matt Stroshane; 287, David Nguyen; 289, Kent Phillips; 290-1, Jeff Clausen; 293, Kent Phillips; 295-7, Scott Watt; 299, Wes Lagattolla; 300-1, David Mau; 303, Matt Stroshane; 304-5, TWDC; 307-9, Jeff Clausen/Mark

Stockbridge; 311, Kent Phillips; 313, Chloe Rice; 315, Ali Nasser; 316-7, TWDC; 318, Johnny Castle; 319, David Nguyen; 320(A/D), TWDC; 321(B), Jimmy DeFlippo; 321(C), Chloe Rice; 321(E), David Nguyen; 321(F), TWDC; 321(G), Gene Duncan; 321(H), Charlene Guilliams; 322(A), Debi Harbin; 322(B), Kelsey Noland; 322(E), Ali Nasser; 322(F/G), David Nguyen; 322(H), Kent Phillips; 323(C), Kent Phillips; 323(D), TWDC; 323(I), Kelsey Noland; 323(J), Matt Stroshane; 325, TWDC; 327, Kent Phillips; 329, Jimmy DeFlippo; 331, Kent Phillips; 332-3, TWDC; 335, Jimmy Marble; 336-7, Gary Copeland; 340-1, Kent Phillips; 347, Chloe Rice; 348-9, TWDC Archives; 350(A/D), Chloe Rice; 351(B), TWDC; 351(C/F), Bob Desmond; 351(E), Jeff Nickel; 351(G), Kent Phillips; 351(H), Diana Zalucky; 352-3, Matt Stroshane; 355, Wes Lagattolla; 356(A/D), Kent Phillips; 357(B), Matt Stroshane; 357(C), Amy Smith; 357(E/G/H), Kent Phillips; 357(F), David Roark; 359, TWDC; 360(A), Andrea Barnett; 360(D), Gene Duncan; 361(B/C/E/G/H), Gene Duncan; 361(F), Matt Stroshane; 363, Jeff Clausen/Mark Stockbridge; 364-5, Steve Carsella; 369, Matt Stroshane; 370(A/D), Chloe Rice; 371(B), Preston Mack; 371(C/E/G/H), Wes Lagattolla; 371(F), David Roark; 373, TWDC Archives; 374-5, Jeff Clausen/Mark Stockbridge; 379, Chloe Rice; 381, Claire Celeste; 382-3, Diana Zalucky; 384, Meredith Filip; 385, Claire Celeste; 387, Matt Stroshane; 389-91, Chloe Rice; Gatefold: Bob Desmond (Golden Horseshoe/Guest Book/The *Mark Twain*); Cicilia Teng (Exercise); Russell Kirk (Fore Fun); Caitie McCabe (Disney Story); Abigail F. Nilsson (Sangria University); Jimmy DeFlippo (I Think I Can); Chloe Rice (Animal Signs/Ultimate Easter Egg); Matt Stroshane (World's Fair); TWDC (Arendelle/Three-Dream Circus); Kent Phillips (Dino Day/Hideouts/Kungaloosh); David Roark (A Global Affair); Tony Grable (Pack Your Capes).

PHOTOS FROM OTHER SOURCES

10-11, Tom Nebbia/Corbis via Getty Images; 12, Clement Philippe/Arterra/Alamy Stock Photo (Alamy); 13(D), Max/Alamy; 15(B), Sorin Colac/Alamy; 16(A), Moritz Wolf/imageBROKER/Alamy; 16(B), Michael Runkel/robert harding/Alamy; 17(D), Adam Eastland/Alamy; 21, Stephen Searle/Alamy; 25, Disney Magic/Alamy; 45, Daisy-Photography/Alamy; 46 (LE), ItzaVU/Shutterstock; 46(D), AugustSnow/Alamy; 47(B), Helen Sessions/Alamy; 47(C), Sunshine/Alamy; 49, Jeff Gritchen/Digital First Media/Orange County Register via Getty Images; 59, Sundry Photography/Alamy; 60-1, Courtesy of The Walt Disney Family Museum; 85, Bill Grant/Alamy; 86-7, USC Libraries/Corbis via Getty Images; 129, Logan Bush/Shutterstock; 185, Andrew Coleman/National Geographic Image Collection; 186-7, Angus McComiskey/Alamy; 190-1, Artur Maltsau/Alamy; 197, Henryk Sadura/Alamy; 209, Konrad Wothe/Image Professionals GmbH/Alamy; 210-1, Ralph Lee Hopkins; 212, Andrew Peacock/Getty Images; 213, Timothy Mulholland/Alamy; 224(A), Janos Rautonen/Alamy; 225(H), Brandon Cole/ Alamy; 228-9, Marshall Ikonography/Alamy; 231, Noppasin Wongchum/Alamy; 237, Tom Murphy/National Geographic Image Collection; 238-9, Moose Henderson/Shutterstock; 243, Jan Wlodarczyk/Alamy; 244-5, Alexandr Ozerov/Alamy; 247, Nordic Images/Alamy; 256-7, Alan Copson/robertharding; 281, Myung J. Chun/LA Times via Getty Images; 282-3, Sarah Hadley/Alamy; 284, Brian Kinney/Alamy; 285, Logan Bush/Shutterstock; 339, SIPA Asia via ZUMA Press Wire/Alamy; 342-3, Parinya Suwanitch/Alamy; 345, Nice-Prospects-Prime/Alamy; 367, Ricardo Ramirez Buxeda/Orlando Sentinel/TNS/Alamy; 376-7, National Geographic Expeditions; Gatefold: Sunshine Pics/Alamy (Starstruck); Alan Copson/JAI/Alamy (Route 66); Blaize Pascall/Alamy (Get Curiouser); Robert Fried/Alamy (Silverado Trail); Joni Hanebutt/Alamy (Club Cool).

The following are some of the trademarks, registered marks, and service marks owned by Disney Enterprises, Inc.: Aulani, A Disney Resort & Spa; *Adventureland*® Area; *Audio-Animatronics*® Figures; Disney®; *Disney California Adventure*® Park; *Disney Cruise Line*® Ships; *Disney Springs*™; *Disneyland*® Hotel; *Disneyland*® Paris; *Disneyland*® Park; *Disneyland*® Resort; *Disney's Animal Kingdom*® Lodge; *Disney's Animal Kingdom*® Theme Park; *Disney's Animal Kingdom*® Villas—Kidani Village; Disney's BoardWalk Inn and Villas; Disney's Contemporary Resort; Disney's Grand Californian Hotel® & Spa; Disney's Grand Floridian Resort & Spa; Disney's Polynesian Village Resort; *Disney's Hollywood Studios*® Theme Park; *Disney* Magic®; *Disney's Paradise Pier*®; Disney's Wilderness Lodge; Disney's Yacht Club; *Downtown Disney*® Area; *Dumbo the Flying Elephant*® Attraction; *EPCOT*® Theme Park; *Fantasyland*® Area; *Fort Wilderness Resort & Campground*; *Frontierland*® Area; *Hong Kong Disneyland*® Hotel; *Hong Kong* Disneyland® Resort; Imagineering; Imagineers; "it's a small world"; *It's a Small World*® Attraction; *Magic Kingdom*® Theme Park; *Main Street, U.S.A.*® Area; *Mickey's Toontown*; monorail; *Shanghai Disneyland*® Park; *Shanghai Disney*® Resort; *Space Mountain*® Attraction; *Splash Mountain*® Attraction; The Twilight Zone Tower of Terror™; *Tokyo Disney*® Resort; *Tokyo Disneyland*® Park; *Tokyo DisneySea*® Park; *Tomorrowland*® Area; *Walt Disney Studios*®; *Walt Disney World*® Resort; and World Showcase.

Disney properties © Disney Enterprises, Inc. All Rights Reserved.

Academy Award®, Oscar®, and the Oscar® statuette are registered trademarks and service marks of the Academy of Motion Picture Arts and Sciences.

Build-A-Dino® by Build-A-Bear Workshop® is a registered trademark of Build-A-Bear Retail Management, Inc.

Cirque du Soleil® Entertainment Group Copyright © Cirque du Soleil.

COCA-COLA® is a registered trademark of the Coca-Cola Company.

The Disney movie *Mary Poppins* is based on the Mary Poppins stories by P.L. Travers.

DOLE Whip® is a registered trademark of Dole Packaged Foods, LLC.

Etch A Sketch® © The Ohio Art Company.

Grammy is a registered trademark of National Academy of Recording Arts & Sciences, Inc.

JAMES CAMERON'S AVATAR and Pandora—The World of Avatar is a trademark of 20th Century Studios. All Rights Reserved.

Marvel characters and artwork © Marvel.

The movie *Tim Burton's The Nightmare Before Christmas*, story and characters by Tim Burton. Copyright © 1993 Disney Enterprises, Inc.

Mr. Potato Head® is a registered trademark of Hasbro, Inc. Used with Permission. © Hasbro, Inc.

Nestlé® is a registered trademark of the Nestlé Group.

Pixar properties © Disney/Pixar.

Slinky Dog © POOF Slinky, LLC.

Space 220 is owned and operated by *Patina*™ Restaurant Group, LLC.

Star Wars and Indiana Jones © & TM Lucasfilm Ltd. All Rights Reserved.

THE TWILIGHT ZONE® is a registered trademark of A CBS Company. All Rights Reserved.

T-REX® Café is owned and operated by Landry's, Inc.

Winnie the Pooh characters based on the "Winnie the Pooh" works by A. A. Milne and E. H. Shepard.

ナショナル ジオグラフィック パートナーズは、
ウォルト・ディズニー・カンパニーとナショナル ジオグラフィック協会によるジョイントベンチャーです。
収益の一部を、非営利団体であるナショナル ジオグラフィック協会に還元し、
科学、探検、環境保護、教育における活動を支援しています。
このユニークなパートナーシップは、未知の世界への探求を物語として伝えることで、
人々が行動し、視野を広げ、新しいアイデアやイノベーションを起こすきっかけを提供します。
日本では日経ナショナル ジオグラフィックに出資し、月刊誌『ナショナル ジオグラフィック日本版』のほか、
書籍、ムック、ウェブサイト、SNSなど様々なメディアを通じて、「地球の今」を皆様にお届けしています。

nationalgeographic.jp

いつかは行きたい 一生に一度だけの旅　世界のディズニー パーク & リゾート Deluxe Edition

2025年1月27日　第1版1刷

著者	マーシー・キャリカー・スマザーズ
訳者	上川典子
編集	尾崎憲和
装丁	宮坂 淳（snowfall）
翻訳協力	トランネット
編集協力・制作	リリーフ・システムズ
発行者	田中祐子
発行	株式会社 日経ナショナル ジオグラフィック 〒105-8308　東京都港区虎ノ門4-3-12
発売	株式会社日経BPマーケティング
印刷・製本	加藤文明社

ISBN978-4-86313-643-4
Printed in Japan

乱丁・落丁本のお取替えは、こちらまでご連絡ください。
https://nkbp.jp/ngbook

本書の日本における翻訳出版権は株式会社日経ナショナル ジオグラフィックが所有しています。
本書の無断複写・複製（コピー等）は著作権法上の例外を除き、禁じられています。購入者以外の第三者による電子データ化及び電子書籍化は、私的使用を含め一切認められておりません。

本書は2023年1月に発行した「いつかは行きたい 一生に一度だけの旅　世界のディズニー パーク&リゾート」のサイズを変更して、コンテンツを追加したものです。
Copyright © 2022 National Geographic Partners, LLC.
All rights reserved. Reproduction of the whole or any part of the contents without written permission from the publisher is prohibited.
NATIONAL GEOGRAPHIC and Yellow Border Design are trademarks of the National Geographic Society, used under license.